AF260613

R. N. COUDENHOVE KALERGI

PRAKTISCHER IDEALISMUS

ADEL - TECHNIK - PAZIFISMUS

Richard Nikolaus Coudenhove-Kalergi
(1894-1972)

Erstveröffentlichung 1925 von
PANEUROPA - VERLAG WIEN-LEIPZIG

Veröffentlicht von
OMNIA VERITAS LTD

www.omnia-veritas.com

VORWORT

Praktischer Idealismus ist Heroismus; praktischer Materialismus ist Eudämonismus. Wer nicht an Ideale glaubt, hat keinen Grund, ideal zu handeln; oder für Ideale zu kämpfen und zu leiden. Denn er kennt und anerkennt nur einen einzigen Wert: die Lust; nur ein einziges Übel: den Schmerz.

Heroismus setzt glauben und Bekenntnis zum Ideal voraus: Die Überzeugung, dass es höhere Werte gibt als Lust und größere Übel als Schmerz.

Dieser Gegensatz zieht sich durch die ganze Menschheitsgeschichte; es ist der Gegensatz von Epikuräern und Stoikern. Dieser Gegensatz ist viel tiefer als der zwischen Theisten und Atheisten: denn es gab Epikuräer, die an Götter glaubten, wie Epikur selbst; und es gab Idealisten, die Atheisten waren wie Buddha.

Es handelt sich also hier nicht um den Glauben an Götter - sondern um den Glauben an Werte. Der Materialismus ist voraussetzungsloser - aber phantasieloser und unschöpferischer; der Idealismus ist immer problematisch und verstrickt sich oft in Unsinn und Wahnsinn: dennoch verdankt ihm die Menschheit ihre größten Werke und Taten.

* * *

Heroismus ist Aristokratie der Gesinnung. Heroismus ist

mit dem aristokratischen Ideal ebenso verwandt, wie Materialismus mit dem demokratischen. Auch Demokratie glaubt mehr an die Zahl als an den Wert, mehr an Glück als an Größe. Darum kann politische Demokratie nur dann fruchtbar und schöpferisch werden, wenn sie die Pseudo-Aristokratie des Namens und des Goldes zertrümmert, um an deren Stelle eine neue Aristokratie des Geistes und der Gesinnung ewig neu zu gebären.

Der letzte Sinn der politischen Demokratie also ist: geistige Aristokratie; sie will den Materialisten Genuß schaffen, den Idealisten Macht.

Der Führer soll an die Stelle des Herrschers treten - der edle Sinn an die Stelle des edlen Namens - das reiche Herz an die Stelle der reichen Tasche. Das ist der Sinn der Entwicklung, die sich demokratisch nennt.

Jeder andere Sinn wäre Kultur-Selbstmord.

Darum ist es kein Zufall, daß Platon zugleich der Prophet der geistigen Aristokratie und der sozialistischen Wirtschaft war; und zugleich der Vater der idealistischen Weltanschauung.

Denn beide, Aristokratie und Sozialismus, sind: praktischer Idealismus.

Der asketische Idealismus des Südens offenbarte sich als Religion; der heroische Idealismus des Nordens als Technik.

Denn die Natur des Nordens war eine Herausforderung an den Menschen. Andere Völkerschaften unterwarfen sich; der Europäer nahm die Herausforderung an und kämpfte.

Er kämpfte, bis er stark genug war, die Erde zu unterwerfen: er kämpfte, bis er die Natur selbst, die ihn herausgefordert hatte, in seine Dienste zwang.

Dieser Kampf forderte Heroismus und zeugte Heroismus. So wurde für Europa der Held das, was der Heilige für Asien war; und die Heldenverehrung ergänzte die Heiligenverehrung.

Das tätige Ideal trat an die Stelle des beschaulichen, und es galt als größer, für ein Ideal zu kämpfen, als zu leiden.

Der Sinn dieser heroischen Weltmission hat Europa erst seit der Neuzeit ganz erfaßt; denn erst mit der Neuzeit beginnt sein technisches Zeitalter, sein Befreiungskrieg gegen den Winter. Dieses technische Zeitalter ist zugleich das Zeitalter der Arbeit. Der Arbeiter ist der Held unserer Zeit; sein Gegensatz ist nicht der Bürger - sondern der Schmarotzer. Ziel des Arbeiters ist - das Schaffen, des Schmarotzers - das Genießen.

Darum ist die Technik neuzeitliches Heldentum und der Arbeider praktischer Idealist.

* * *

Das politische und soziale Problem des 20. Jahrhunderts ist: den technischen Fortschritt des 19. einzuholen. Diese Forderung der Zeit wird dadurch erschwert, daß die Entwicklung der Technik ohne Pause sich im rascheren Tempo weiter vollzieht als die Entwicklung des Menschen und der Menschheit. Diese Gefahr kann entweder abgewendet werden, indem die Menschheit den technischen Fortschritt verlangsamt, oder indem sie den sozialen Fortschritt beschleunigt. Sonst verliert sie ihr

Gleichgewicht und überschlägt sich. Der Weltkrieg war eine Warnung. So stellt Technik den Menschen vor die Alternative: Selbstmord oder Verständigung!

Darum wird die Entwicklung der Welt in den kommenden Jahrzehnten ohne Beispiel sein. Das heutige Mißverhältnis von technischer und sozialer Organisation wird entweder zu vernichtenden Katastrophen führen - oder zu einem politischen Fortschritt, der an Raschheit und Gründlichkeit alle historischen Vorbilder hinter sich läßt und ein neues Blatt der Menschheitsgeschichte eröffnet.

Da die Technik der menschlichen Stoßkraft und dem Heroismus neue Wege weist, beginnt der Krieg im Bewußtsein der Menschheit seine historische Rolle auszuspielen. Sein Erbe ist die Arbeit. Die Menschheit wird sich eines Tages organisieren, um gemeinsam der Erde alles abzuringen, was sie ihr heute noch vorenthält. Sobald diese Auffassung sich durchringt, wird jeder Krieg ein Bürgerkrieg sein und jeder Mord ein Mord. Das Zeitalter des Krieges wird dann ebenso barbarisch scheinen, wie heute das Zeitalter der Menschenfresserei.

Diese Entwicklung wird kommen, wenn wir an sie glauben und für sie kämpfen; wenn wir weder so kurzsichtig sind, die großen Linien der Entwicklung aus den Augen zu verlieren - noch so weitsichtig, die praktischen Wege und Hindernisse zu übersehen, die zwischen uns und unseren zielen liegen: wenn wir klarsichtig sind, und das klare wissen um die bevorstehenden Kämpfe und Schwierigkeiten verbinden mit dem heroischen Willen, sie zu überwinden.

Nur dieser Optimismus des Wollens wird den Pessimismus der Erkenntnis ergänzen und besiegen.

Statt in den Fesseln der unzeitgemäßen Gegenwart zu verharren und tatenlos von besseren Möglichkeiten zu träumen, wollen wir also tätigen Anteil nehmen an der Entwicklung der Welt durch praktischen Idealismus.

Wien, November 1925.

ADEL — 1920

Dem Andenken meines Vaters
Dr. HEINRICH GRAF COUDENHOVE-KALERGI
in Verehrung und Dankbarkeit

ERSTER TEIL

VOM RUSTIKALEN UND URBANEN MENSCHEN

1. LANDMENSCH - STADTMENSCH

Land und Stadt sind die beiden Pole menschlichen Daseins. Land und Stadt zeugen ihre besonderen Menschentypen: den rustikalen und urbanen Menschen.

Rustikalmensch und Urbanmensch sind psychologisch Antipoden. Bauern verschiedenster Gegenden gleichen einander seelisch oft mehr als den Städtern der benachbarten Großstadt. Zwischen Land und Land, zwischen Stadt und Stadt liegt der Raum - zwischen Stadt und Land die Zeit. Unter den europäischen Rustikalmenschen leben Vertreter aller Zeitalter: von der Steinzeit bis zum Mittelalter; während nur die Weltstädte des Abendlandes, die den ekstremsten Urbantypus hervorgebracht haben, Repräsentanten neuzeitlicher Zivilisation sind. So trennen Jahrhunderte, oft Jahrtausende, eine Großstadt vom flachen Lande, das sie umgibt.

Der Urbanmensch denkt anders, urteilt anders, empfindet anders, handelt anders als der Rustikalmensch. Das Großstadtleben ist abstrakt, mechanisch, rational - das Landleben konkret, organisch, irrational. Der Städter ist rationalistisch, skeptisch, ungläubig - der Landmann emotionalistisch, gläubig, abergläubisch.

Alles Denken und Fühlen des Landmannes kristallisiert sich um die Natur, er lebt in Symbiose mit dem Tier, dem lebendigen Geschöpf Gottes, ist verwachsen mit seiner Landschaft, abhängig von Wetter und Jahreszeit. Kristallisationspunkt der urbanen Seele hingegen ist die Gesellschaft; sie lebt in Symbiose mit der Maschine, dem toten Geschöpf des Menschen; durch sie macht sich der Stadtmensch möglichst unabhängig von Zeit und Raum, von Jahreszeit und Klima.

Der Landmensch glaubt an die Gewalt der Natur über den Menschen - der Stadtmensch glaubt an die Gewalt des Menschen über die Natur. Der Rustikalmensch ist Naturprodukt, der Urbanmensch Sozialprodukt; der eine sieht Zweck, Maß und Gipfel der Welt im Kosmos, der andere in der Menschheit.

Der Rustikalmensch ist konservativ wie die Natur - der Urbanmensch fortschrittlich wie die Gesellschaft. Aller Fortschritt überhaupt geht von Städten und Städtern aus. Der Stadtmensch selbst ist meist das Produkt einer Revolution innerhalb eines ländlichen Geschlechtes, das mit seiner rustikalen Tradition brach, in die Großstadt zog und dort ein Leben auf neuer Basis begann.

Die Großstadt raubt ihren Bewohnern den Genuß der Naturschönheit; als Entschädigung bietet sie ihnen Kunst. Theater, Konzerte, Galerien sind Surrogate für die ewigen und wechselnden Schönheiten der Landschaft. Nach einem Tagwerk voll Häßlichkeit bieten jene Kunstinstitute dem Städter Schönheit in konzentrierter Form. Auf dem Lande sind sie leicht entbehrlich. - Natur ist die extensive, Kunst die intensive Erscheinungsform der Schönheit.

Das Verhältnis des Urbanmenschen zur Natur, die ihm fehlt, wird von der Sehnsucht beherrscht; während die Natur dem Rustikalmenschen stete Erfüllung ist. Daher empfindet sie der Städter vorwiegend romantisch, der Landmensch klassisch. Die soziale (christliche) Moral ist ein urbanes Phänomen: denn sie ist eine Funktion des menschlichen Zusammenlebens, der Gesellschaft. Der typische Städter verbindet christliche Moral mit irreligiöser Skepsis, rationalistischem Materialismus und mechanistischem Atheismus. Die Weltanschauung, die daraus resultiert, ist die des Sozialismus: die moderne Großstadtreligion.

Für den rustikalen Barbaren Europas ist das Christentum kaum mehr als eine Neuauflage des Heidentums mit veränderter Mythologie und neuem Aberglauben; -eine wahre Religion ist Glaube an die Natur, an die Kraft, an das Schicksal.

Stadt und Landmensch kennen einander nicht; darum mißtrauen und mißverstehen sie einander und leben in verhüllter oder offener Feindschaft. Es gibt vielerlei Schlagworte, unter denen sich diese elementare Gegnerschaft verbirgt: Rote und Grüne Internationale; Industrialismus und Agrariertum; Fortschritt und Reaktion; Judentum und Antisemitismus.

Alle Städte schöpfen ihre Kräfte aus dem Lande; alles Land schöpft seine Kultur aus der Stadt. Das Land ist der Boden, aus dem die Städte sich erneuern; ist die Quelle, die sie speist; die Wurzel, aus der sie blühen. Städte wachsen und sterben: das Land ist ewig.

2. JUNKER - LITERAT

Blüte des Rustikalmenschen ist der Landadelige, der Junker. Blüte des Urbanmenschen ist der Intellektuelle, der Literat.

Land und Stadt haben beide ihren spezifischen Adelstypus gezeugt: Willensadel steht gegen Geistesadel, Blutadel gegen Hirnadel. Der typische Junker verbindet ein Maximum an Charakter mit einem Minimum an Intellekt - der typische Literat ein Maximum an Intellekt mit einem Minimum an Charakter.

Nicht immer und überall mangelte es dem Landadel an Geist, dem Stadtadel an Charakter; wie im England der Neuzeit war im Deutschland der Minnesängerzeit der Blutadel ein hervorragendes Kulturelement; während anderseits der katholische Geistesadel der Jesuiten und der chinesische Geistesadel der Mandarinen in ihrer Blütezeit ebensoviel Charakter wie Geist bewiesen.

Im Junker und Literaten gipfeln die Gegensätze des rustikalen und urbanen Menschen. Typischer Beruf der Junkerkaste ist der Offiziersberuf: typischer Beruf der Literatenkaste der Journalistenberuf.

Der Junker-Offizier blieb, psychisch wie geistig, auf der Stufe des Ritters stehen. Hart gegen sich und andere, pflichttreu, energisch, standhaft, konservativ und beschränkt, lebt er in einer Welt dynastischer, militaristischer, nationaler und sozialer Vorurteile. Mit einem tiefen Mißtrauen gegen alles Moderne, gegen Großstadt, Demokratie, Sozialismus, Internationalismus verbindet er einen ebenso tiefen Glauben an sein Blut, seine Ehre und die Weltanschauung seiner Väter. Er verachtet den Städter, vor allem den jüdischen Literaten und Journalisten.

Der Literat eilt seiner Zeit voran; vorurteilsfrei vertritt er moderne Ideen in Politik, Kunst, Wirtschaft. Er ist fortschrittlich, skeptisch, geistreich, vielseitig, wandelbar; ist Eudämonist, Rationalist, Sozialist, Materialist. Er überschätzt den Geist, unterschätzt Körper und Charakter: und verachtet daher den Junker als rückständigen Barbaren.

Wesen des Junkers ist Starrheit des Willens - Wesen des Literaten ist Beweglichkeit des Geistes. Junker und Literat sind geborene Rivalen und Gegner: wo die Junkerkaste herrscht, muß Geist der Gewalt weichen; in solchen reaktionären Zeiten ist der politische Einfluß der Intellektuellen ausgeschaltet oder mindestens eingeschränkt. Herrscht die Literatenkaste, muß die Gewalt dem Geiste weichen: Demokratie siegt über Feudalismus, Sozialismus über Militarismus.

Der Haß der Willensaristokratie und der Geistesaristokratie Deutschlands gegeneinander wurzelt im Mißverstehen. Jede sieht nur die Schattenseiten der anderen und ist blind gegen deren Vorzüge. Die Psyche des Junkers, des Rustikalmenschen, bleibt selbst hochstehenden Literaten ewig verschlossen; während fast allen Junkern die Seele des Intellektuellen, des Urbanmenschen, fremd bleibt. Statt von dem anderen zu lernen, blickt der jüngste Leutnant mit Geringschätzung auf die führenden Geister moderner Literatur herab, während der letzte Winkeljournalist für hervorragende Offiziere nur überlegene Verachtung empfindet. Durch dieses doppelte Mißverstehen fremder Mentalität hat erst das militaristische Deutschland die Widerstandskraft der urbanen Massen gegen den Krieg unterschätzt, dann das revolutionäre Deutschland die

Widerstandskraft der rustikalen Massen gegen die Revolution. Die Führer des Landes verkannten die Psyche der Stadt und ihre Neigung zum Pazifismus - die Führer der Städte verkannten die Psyche des Landvolkes und ihre Neigung zur Reaktion: so hat Deutschland erst den Krieg verloren, dann die Revolution.

Die Gegensätzlichkeit des Junkers und des Literaten ist darin begründet, daß diese beiden Typen Extreme, nicht Gipfelpunkte von Blut- und Geistesadel sind. Denn die höchste Erscheinungsform des Blutadels ist der Grand-seigneur, des Geistesadels der Genie. Diese beiden Aristokraten sind nicht nur vereinbar: sie sind verwandt. Cäsar, die Vollendung des Grand-seigneur, war der genialste Römer; Goethe, der Gipfel an Genialität, war von allen deutschen Dichtern am meisten Grand-seigneur. Hier wie überall entfernen sich die Mittelstufen am stärksten, während die Gipfel sich berühren.

Der vollendete Aristokrat ist zugleich Aristokrat des Willens und des Geistes, aber weder Junker noch Literat. Er verbindet Weitblick mit Willensstärke. Urteilskraft mit Tatkraft, Geist mit Charakter. Fehlen solche synthetische Persönlichkeiten, so sollten die divergierenden Aristokraten des Willens und des Geistes einander ergänzen, statt bekämpfen. In Ägypten, Indien, Chaldäa herrschten einst Priester und Könige (Intellektuelle und Krieger) gemeinsam. Die Priester beugten sich vor der Kraft des Willens, die Könige vor der Kraft des Geistes: Hirne wiesen die Ziele, Arme bahnten die Wege.

3. GENTLEMAN—BOHÉMIEN

Blut- und Geistesadel Europas schufen sich ihre spezifischen Typen: Englands Blutadel den Gentleman;

Frankreichs Geistesadel den Bohémien.

Gentleman und Bohémien begegnen sich im Bestreben, der öden Häßlichkeit spießbürgerlichen Daseins zu entfliehen: der Gentleman überwindet sie durch Stil, der Bohémiene durch Temperament. Der Gentleman setzt der Formlosigkeit des Lebens Form - der Bohémien der Farblosigkeit des Lebens Farbe entgegen.

Der Gentleman bringt in die Unordnung menschlicher Beziehungen Ordnung - der Bohémien in deren Unfreiheit Freiheit.

Die Schönheit des Gentleman-Ideals beruht auf Form, Stil, Harmonie: sie ist statisch, klassisch, apollinisch. Die Schönheit des Bohémien-Ideals beruht auf Temperament, Freiheit, Vitalität: sie ist dynamisch, romantisch, dionysisch.

Der Gentleman idealisiert und stilisiert seinen Reichtum - der Bohémien idealisiert und stilisiert seine Armut.

Der Gentleman ist auf Tradition gestellt, der Bohémien auf Protest: das Wesen des Gentleman ist konservativ - das Wesen des Bohémien revolutionär. Mutter des Gentleman-Ideales ist England, das konservativste Land Europas. Wiege der Bohéme ist Frankreich, das revolutionärste Land Europas.

Das Gentleman-Ideal ist die Lebensform einer Kaste - das Bohéme-Ideal Lebensform von Persönlichkeiten.

Das Gentleman-Ideal weist jenseits von England zurück zur römischen Stoa - das Bohéme-Ideal weist jenseits von Frankreich zurück auf die griechische Agora. Die römischen Staatsmänner näherten sich dem Gentlemantypus, die griechischen Philosophen dem Bohémientypus: Cäsar und Seneca waren Gentlemen, Sokrates und Diogenes Bohémiens.

Der Schwerpunkt des Gentleman liegt im Physisch-Psychischen - des Bohémien im Geistigen: der Gentleman darf Dummkopf, der Bohémien darf Verbrecher sein.

Beide Ideale sind menschliche Kristallisationsphänomene: wie der Kristall nur in unstarrer Umgebung sich bilden kann, so verdanken jene beiden Ideale ihr Dasein der englischen und französischen Freiheit.

Im kaiserlichen Deutschland fehlte diese Atmosphäre zur Persönlichheitskristallisation: daher konnte es kein ebenbürtiges Ideal entwickeln. Zum Gentleman fehlte dem Deutschen der Stil, zum Bohémien das Temperament, zu beiden Grazie und Geschmeidigkeit.

Da er in seiner Wirklichkeit keine ihm angemessene Lebensform fand, suchte der Deutsche in seiner Dichtung nach idealen Verkörperungen deutschen Wesens: und fand als physisch- psychisches Ideal den jungen Siegfried, als geistiges Ideal den alten Faust.

Beide Ideale waren romantisch-unzeitgemäß: in der Verzerrung der Wirklichkeit erstarrte das romantische Siegfried-Ideal zum preußischen Offizier, zum Leutnant - das romantische Faust-Ideal zum deutschen Gelehrten, zum Professor.

An die Stelle organischer Ideale traten mechanische: der Offizier repräsentiert die Mechanisierung des Psychischen: den erstarrten Siegfried; der Professor die Mechanisierung des Geistigen: den erstarrten Faust.

Auf keine seiner Klassen war das wilhelminische Deutschland stolzer als auf seine Offiziere und Professoren. In ihnen sah es die Blüte der Nation, wie England in seinen politischen Führern, die romanischen Völker in ihren Künstlern.

Will das deutsche Volk Höherentwicklung, so muß es seine Ideale revidieren: seine Tatkraft muß die militärische Einseitigkeit sprengen und sich weiten zu politisch-menschlicher Vielseitigkeit; sein Geist muß die reinwissenschaftliche Enge sprengen und sich weiten zur Synthese des Dichter-Denkers.

Das neunzehnte Jahrhundert hat dem deutschen Volke zwei Männer größten Stiles geschenkt, die diese Forderungen höheren Deutschtums verkörperten: Bismarck, den Heros der Tat; Goethe, den Heros des Geistes.

Bismarck erneuert, vertieft und belebt das kitschig gewordene Siegfried-Ideal - Goethe erneuert, vertieft und belebt das verstaubte Faust-Ideal.

Bismarck hatte die guten Eigenschaften des deutschen Offiziers - ohne dessen Fehler; Goethe hatte die guten Eigenschaften des deutschen Gelehrten - ohne dessen Fehler. In Bismarck überwindet die Überlegenheit des Staatsmannes die Beschränktheit des Offiziers - in Goethe überwindet die Überlegenheit des Dichter-Denkers die Beschränktheit des Gelehrten: in beiden das

organische Persönlichkeitsideal das Mechanische, der Mensch, die Marionette.

Durch seine vorbildliche Persönlichkeit hat Bismarck mehr für die Entwicklung des Deutschtums getan als durch seine Reichsgründung; durch sein olympisches Dasein hat Goethe das deutsche Volk reicher beschenkt als durch seinen Faust: denn Faust ist, wie Goetz, Werther, Meister und Tasso, nur ein Fragment von Goethes Menschentum.

Deutschland sollte sich aber hüten, seine beiden lebendigen Vorbilder zu verkitschen und herabzuziehen: aus Bismarck einen Feldwebel, aus Goethe einen Schulmeister zu machen.

An der Nachfolge dieser beiden Gipfel deutschen Menschentums könnte Deutschland wachsen und gesunden; von ihnen kann es tätige und beschauliche Größe lernen, Tatkraft und Weisheit. Denn Bismarck und Goethe sind die beiden Brennpunkte, um die sich ein neuer deutscher Lebensstil bilden könnte, der den westlichen Idealen ebenbürtig wäre.

4. INZUCHT - KREUZUNG

Meist ist der Rustikalmensch Inzuchtprodukt, der Urbanmensch Mischling.

Eltern und Voreltern des Bauern stammen gewöhnlich aus der gleichen, dünnbevölkerten Gegend; des Adeligen aus derselben dünnen Oberschicht. In beiden Fällen sind die Vorfahren untereinander blutsverwandt und daher meist physisch, psychisch, geistig einander ähnlich. Infolgedessen vererben sie ihre gemeinsamen Züge, Willenstendenzen, Leidenschaften, Vorurteile, Hemmungen in gesteigertem Grade auf ihre Kinder und Nachkommen. Die Wesenszüge, die sich aus dieser Inzucht ergeben, sind: Treue, Pietät, Familiensinn, Kastengeist,

Beständigkeit, Starrsinn, Energie, Beschränktheit; Macht der Vorurteile, Mangel an Objektivität, Enge des Horizontes. Hier ist eine Generation nicht Variation der vorhergehenden, sondern einfach deren Wiederholung: an die Stelle von Entwicklung tritt Erhaltung.

In der Großstadt begegnen sich Völker Rassen, Stände. In der Regel ist der Urbanmensch Mischling aus verschiedensten sozialen und nationalen Elementen. In ihm heben sich die entgegengesetzten Charaktereigen-schaften, Vorurteile, Hemmungen, Willenstendenzen und Weltanschauungen seiner Eltern und Voreltern auf oder schwächen einander wenigstens ab. Die Folge ist, daß Mischlinge vielfach Charakterlosigkeit, Hemmungslosigkeit, Willensschwäche, Unbeständigkeit, Pietätlosigkeit und Treulosigkeit mit Objektivität, Vielseitigkeit, geistiger Regsamkeit, Freiheit von Vorurteilen und Weite des Horizontes verbinden. Mischlinge unterscheiden sich stets von ihren Eltern und Voreltern; jede Generation ist eine Variation der vorhergehenden, entweder im Sinne der Evolution oder der Degeneration.

Der Inzuchtmensch ist Einseelenmensch - der Mischling Mehrseelenmensch. In jedem Individuum leben seine Ahnen fort als Elemente seiner Seele: gleichen sie einander, so ist sie einheitlich, einförmig; streben sie auseinander, so ist der Mensch vielfältig, kompliziert, differenziert.

Die Größe eines Geistes liegt in seiner Extensität, das ist in seiner Fähigkeit, alles zu erfassen und zu umfassen; die Größe eines Charakters liegt in seiner Intensität, das ist in seiner Fähigkeit, stark, konzentriert und beständig zu wollen. So sind, in gewissem Sinne, Weisheit und Tatkraft Widersprüche.

Je ausgesprochener die Fähigkeit und Neigung eines Menschen, die Dinge als Weiser von allen Seiten zu sehen und sich vorurteilsfrei auf jeden Standpunkt zu stellen - desto schwächer ist meist sein Willensimpuls, nach einer bestimmten Richtung hin unbedenklich zu handeln: denn jedem Motiv stellen sich Gegenmotive entgegen, jedem Glauben Skepsis, jeder Tat die Einsicht in ihre kosmische Redeutungslosigkeit. Tatkräftig kann nur der beschränkte, der einseitige Mensch sein. Es gibt aber nicht bloß eine unbewußte, naive: es gibt auch eine bewußte, heroische Beschränktheit. Der heroische beschränkte - und zu diesem Typus zählen alle wahrhaft großen Tatmenschen - schaltet zeitweise freiwillig alle Seiten seines Wesens aus, bis auf die eine, die seine Tat bestimmt. Objektiv, kritisch, skeptisch, überlegen kann er vor oder nach seiner Tat sein: während der Tat ist er subjektiv, gläubig, einseitig, ungerecht.

Weisheit hemmt Tatkraft – Tatkraft verleugnet Weisheit. Der stärkste Wille ist wirkungslos, wenn er richtungslos ist; auch ein schwacher Wille löst stärkste Wirkung aus, wenn er einseitig ist.

Es gibt kein Leben der Tat ohne Unrecht, Irrtum, Schuld: wer sich scheut, dieses Odium zu tragen, der bleibe im Reiche des Gedankens, der Beschaulichkeit, der Passivität. - Wahrhafte Menschen sind immer schweigsam: denn jede Behauptung ist, in gewissem Sinne, Lüge; herzensreine Menschen sind immer inaktiv: denn jede Tat ist, in gewissem Sinne, Unrecht. Tapferer aber ist es, zu reden, auf die Gefahr hin, zu lügen; zu handeln, auf die Gefahr hin, Unrecht zu tun.

Inzucht stärkt den Charakter, schwächt den Geist - Kreuzung schwächt den Charakter, stärkt den Geist. Wo

Inzucht und Kreuzung unter glücklichen Auspizien zusammentreffen, zeugen sie den höchsten Menschentypus der stärksten Charakter mit schärfstem Geist verbindet. Wo unter unglücklichen Auspizien Inzucht und Mischung sich begegnen, schaffen sie Degenerationstypen mit schwachem Charakter, stumpfem Geist.

Der Mensch der fernen Zukunft wird Mischling sein. Die heutigen Rassen und Kasten werden der zunehmenden Überwindung von Raum, Zeit und Vorurteil zum Opfer fallen. Die eurasisch-negroide Zukunftsrasse, äußerlich der altägyptischen ähnlich, wird die Vielfalt der Völker durch eine Vielfalt der Persönlichkeiten ersetzen. Denn nach den Vererbungsgesetzen wächst mit der Verschiedenheit der Vorfahren die Verschiedenheit, mit der Einförmigkeit der Vorfahren die Einförmigkeit der Nachkommen. In Inzuchtfamilien gleicht ein Kind dem anderen: denn alle repräsentieren den einen gemeinsamen Familientypus. In Mischlingsfamilien unterscheiden sich die Kinder stärker voneinander: jedes bildet eine neuartige Variation der divergierenden elterlichen und vorelterlichen Elemente.

Inzucht schafft charakteristische Typen - Kreuzung schafft originelle Persönlichkeiten.

Vorläufer des planetaren Menschen der Zukunft ist im modernen Europa der Russe als slawisch-tatarisch-finnischer Mischling; weil er, unter allen europäischen Völkern, am wenigsten Rasse hat, ist er der typische Mehrseelenmenschen mit der weiten, reichen, allumfassenden Seele. Sein stärkster Antipode ist der insulare Brite, der hochgezüchtete Einseelenmensch, dessen Kraft im Charakter, im Willen, im Einseitigen, Typischen liegt. Ihm verdankt das moderne Europa den geschlossensten, vollendetsten Typus: den Gentleman.

5. HEIDNISCHE UND CHRISTLICHE MENTALITAT

Zwei Seelenformen ringen um Weltherrschaft: Heidentum und Christentum. Mit den Konfessionen, die diese Namen tragen, haben jene Seelenformen nur sehr äusserliche Beziehungen. Wird der Schwerpunkt vom Dogmatischen ins Ethische, vom Mythologischen ins Psychologische verlegt, so wandelt sich Buddhismus in Ultra-Christentum, während Ämerikanismus als modernisiertes Heidentum erscheint. Der Orient ist Hauptträger christlicher, der Okzident Hauptträger heidnischer Mentalität: die „heidnischen" Chinesen sind bessere Christen als die „christlichen" Germanen.

Heidentum stellt Tatkraft, Christentum Liebe an die Spitze der ethischen Wertskala. Christliches Ideal ist der liebende Heilige, heidnisches Ideal der siegende Held. Christentum will den homo ferus in einen homo clomesticus wandeln, das Raubtier Mensch in das Haustier Mensch während Heidentum den Menschen zum Übermenschen umschaffen will. Christentum will Tiger zu Katzen zähmen - Heidentum Katzen zu Tigern steigern.

Hauptverkünder modernen Christentums war Tolstoi; Hauptverkünder modernen Heidentums Nietzsche.

Die germanische Edda-Religion war reinstes Heidentum. Unter christlicher Maske lebte sie fort: im Mittelalter als ritterliche, in der Neuzeit als imperialistische und militaristische Weltanschauung. Offiziere, Junker, Kolonisatoren. Industriekapitäne sind die führenden Repräsentanten modernen Heidentums. Tatkraft, Tapferkeit, Größe, Freiheit, Macht, Ruhm und Ehre: das sind die Ideale des Heidentums; während Liebe, Milde,

Demut, Mitleid und Selbstverleugnung christliche Ideale sind. Die Antithese: Heidentum-Christentum deckt sich weder mit der Antithese: Rustikalmensch-Urbanmensch, noch mit: Inzucht-Kreuzung. Zweifellos aber begünstigen Rustikalbarbarei und Inzucht die Entwicklung heidnischer Urbanzivilisation und Mischung die Entwicklung christlicher Mentalität.

Allgemeingültiger heidnischer Individualismus ist nur in dünnbevölkerten Erdstrichen möglich, wo der Einzelne sich behaupten und rücksichtslos entfalten kann, ohne gleich in Gegensatz zu seinen Mitmenschen zu geraten. In übervölkerten Gegenden, wo Mensch an Mensch stößt, muss das sozialistische Prinzip gegenseitiger Unterstützung das individualistische Prinzip des Daseinskampfes ergänzen und, zum Teil, verdrängen.

Christentum und Sozialismus sind internationale Grossstadtprodukte. Das Christentum nahm als Weltreligion seinen Ausgang von der rasselosen Weltstadt Rom; der Sozialismus von den national gemischten Industriestädten des Abendlandes. Beide Außerungen christlicher Mentalität sind auf Internationalismus aufgebaut. Der Widerstand gegen das Christentum ging von der Landbevölkerung aus (pagani); so wie es auch heute das Landvolk ist, das der Verwirklichung sozialistischer Lebensform den stärksten Widerstand entgegenstellt.

Immer waren dünnbevölkerte, nördliche Gegenden Zentren heidnischen Wollens, dicht bevölkerte südliche Gegenden Brutstätten christlichen Fühlens. Wo heute vom Gegensatz östlichen und westlichen Seelenlebens die Rede ist, wird meistens darunter nichts verstanden als jener Gegensatz zwischen Menschen des Südens und des Nordens. Der Japaner, als nördlichster Kulturorientale, nähert sich vielfach dem Okzidentalen; während die Mentalität des Süditalieners und Südamerikaners orientalisch ist. Für die Zustände der Seele scheint der Breitegrad entscheidender zu sein als der Längengrad.

Nicht nur die geographische Lage: auch die historische Entwicklung wirkt bestimmend auf die Seelenform eines Volkes. Das chinesische wie das jüdische Volk empfinden deshalb christlicher als das germanische, weil ihre Kulturvergangenheit älter ist. Der Germane steht zeitlich dem Wilden näher als der Chinese oder Jude; diese beiden alten Kulturvölker konnten sich gründlicher von der heidnisch-natürlichen Lebensauffassung emanzipieren, weil sie mindestens drei Jahrtausende länger dazu Zeit hatten. - Heidentum ist ein Symptom kultureller Jugend, Christentum ein Symptom kulturellen Alters.

Drei Völker: Griechen, Römer, Juden haben jedes auf seine Weise, die antike Kulturwelt erobert. Erst das ästhetisch-philosophische Volk der Griechen: im Hellenismus; dann das praktisch- politische Volk der Römer: im Imperium Romanum schließlich das ethisch-religiöse Volk der Juden: im Christentum.

Das Christentum, ethisch von jüdischen Essenern (Johannes), geistig von jüdischen Alexandrinern (Philo) vorbereitet, war regeneriertes Judentum. Soweit Europa christlich ist, ist es (im ethisch-geistigen Sinne) jüdisch; soweit Europa moralisch ist, ist es jüdisch. Fast die ganze europäische Ethik wurzelt im Judentum. Alle Vorkämpfer einer religiösen oder irreligiösen christlichen Moral, von Augustinus bis Rousseau, Kant und Tolstoi, waren Wahljuden im geistigen Sinne; Nietzsche ist der einzige nicht-jüdische, der einzige heidnische Ethiker Europas. Die prominentesten und überzeugtesten Vertreter christlicher

Ideen, die in ihrer modernen Wiedergeburt Pazifismus und Sozialismus heißen, sind Juden.

Im Osten ist das chinesische Volk das ethische par Excellence (im Gegensatz zu den ästhetisch- heroischen Japanern und den religiös-spekulativen Indern) - im Westen das jüdische. Gott war Staatsoberhaupt der alten Juden, ihr Sittengesetz bürgerliches Gesetzbuch, Sünde war Verbrechen.

Der theokratischen Idee der Identifikation von Politik und Ethik ist das Judentum im Wandel der Jahrtausende treu geblieben: Christentum und Sozialismus sind beides Versuche, ein Gottesreich zu errichten. Vor zwei Jahrtausenden waren die Urchristen, nicht die Pharisäer und Sadduzäer Erben und Erneuerer mosaischer Tradition; heute sind es weder die Zionisten noch die Christen, sondern die jüdischen Führer des Sozialismus: denn auch sie wollen, mit höchster Selbstverleugnung die Erbsünde des Kapitalismus tilgen, die Menschen aus Unrecht, Gewalt und Knechtschaft erlösen und die entsühnte Welt in ein irdisches Paradies wandeln.

Diesen jüdischen Propheten der Gegenwart, die eine neue Weltepoche vorbereiten, ist in allem das Ethische Primär: in Politik, Religion, Philosophie und Kunst. Von Moses bis Weininger war Ethik Hauptproblem jüdischer Philosophie. In dieser ethischen Grundeinstellung zur Welt liegt eine Wurzel der einzigartigen Größe des jüdischen Volkes - zugleich aber die Gefahr, daß Juden, die ihren Glauben an die Ethik verlieren, zu zynischen Egoisten herabsinken: während Menschen anderer Mentalität auch nach Verlust ihrer ethischen Einstellung noch eine Fülle ritterlicher Werte und Vorurteile (Ehrenmann, Gentleman, Kavalier usw.) übrigbehalten, die sie vor dem Sturz in das Werte-

Chaos schützen.

Was die Juden von den Durchschnitts-Städtern hauptsächlich scheidet, ist, daß sie Inzuchtmenschen sind. Charakterstärke verbunden mit Geistesschärfe prädestiniert den Juden in seinen hervorragendsten Exemplaren zum Führer urbaner Menschheit, zum falschen wie zum echten Geistesaristokraten zum Protagonisten des Kapitalismus wie der Revolution.

ZWEITER TEIL

KRISE DES ADELS

1. GEISTESHERRSCHAFT STATT SCHWERTHERRSCHAFT

Unser demokratisches Zeitalter ist ein klägliches Zwischenspiel zwischen zwei großen aristokratischen Epochen: der feudalen Aristokratie des Schwertes und der sozialen Aristokratie des Geistes. Die Feudalaristokratie ist im Verfall, die Geistesaristokratie im Werden. Die Zwischenzeit nennt sich demokratisch, wird aber in Wahrheit beherrscht von der Pseudo- Aristokratie des Geldes.

Im Mittelalter herrschte in Europa der rustikale Ritter über den urbanen Bürger, heidnische Mentalität über christliche, Blutadel über Hirnadel. Die Überlegenheit des Ritters über den Bürger beruhte auf Körper- und Charakterstärke, auf Kraft und Mut.

Zwei Erfindungen haben das Mittelalter bezwungen, die Neuzeit eröffnet: die Erfindung des Pulvers bedeutete das Ende der Ritterherrschaft, die Erfindung des Buchdrucks den Anbruch der Geistesherrschaft. Körperkraft und Mut verloren durch die Einführung der Feuerwafle ihre ausschlaggebende Bedeutung im Daseinskampf: Geist wurde, im Ringen um Macht und Freiheit, zur entscheidenden Waffe.

Der Buchdruck gab dem Geist ein Machtmittel von unbegrenzter Tragweite; rückte die schreibende Menschheit in den Mittelpunkt der lesenden und erhob so den Schriftsteller zum geistigen Führer der Massen. Gutenberg hat den Federn die Macht gegeben, die Schwarz den Schwertern genommen hatte. Mit Hilfe der Druckerschwärze hat Luther ein größeres Reich erobert als alle deutschen Kaiser.

In der Epoche des aufgeklärten Despotismus gehorchten Herrscher und Staatsmänner den Ideen, die von Denkern stammten. Die Schriftsteller jener Zeit bildeten eine geistige Aristokratie Europas. Der Sieg des Absolutismus über den Feudalismus bedeutete den ersten Sieg der Stadt über das Land und zugleich die erste Etappe im Siegeslauf des Geistesadels, im Sturz des Schwertadels. An die Stelle der Mittelalterlichen Diktatur des Landes über die Stadt trat die neuzeitliche Diktatur der Stadt über das Land.

Mit der französischen Revolution, die mit den Privilegien des Blutadels brach, begann die zweite Epoche der Emanzipation des Geistes. Demokratie beruht auf der optimistischen Voraussetzung, ein geistiger Adel könne durch die Volksmehrheit erkannt und gewählt werden.

Nun stehen wir an der Schwelle der dritten Epoche der Neuzeit: des Sozialismus. Auch er stützt sich auf der urbane Klasse der Industriearbeiter, geführt von der Aristokratie revolutionärer Schriftsteller.

Der Einfluß des Blutadels sinkt, der Einfluß des Geistesadels wächst.

Diese Entwicklung. und damit das Chaos moderner Politik, wird erst dann ein Ende finden, bis eine geistige

Aristokratie die Machtmittel der Gesellschaft: Pulver, Gold, Druckerschwärze an sich reißt und zum Segen der Allgemeinheit verwendet.

Eine entscheidende Etappe zu diesem Ziel bildet der russische Bolschewismus, wo eine kleine Schar kommunistischer Geistesaristokraten das Land regiert und bewußt mit dem plutokratischen Demokratismus bricht, der heute die übrige Welt beherrscht.

Der Kampf zwischen Kapitalismus und Kommunismus um das Erbe des besiegten Blutadels ist ein Bruderkrieg des siegreichen Hirnadels, ein Kampf zwischen individualistischem und sozialistischem, egoistischem und altruistischem, heidnischem und christlichem Geist. Der Generalstab beider Parteien rekrutiert sich aus der geistigen Führerrasse Europas: dem Judentum. Kapitalismus und Kommunismus sind beide rationalistisch, beide mechanistisch, beide abstrakt, beide urban. Der Schwertadel hat endgültig ausgespielt. Die Wirkung des Geistes, die Macht des Geistes, der Glaube an den Geist, die Hoffnung auf den Geist wächst: und mit ihnen ein neuer Adel.

2. ADELSDÄMMERUNG

Im Verlaufe der Neuzeit wurde der Blutadel durch die Hof - Atmosphäre, der Geistesadel durch den Kapitalismus vergiftet.

Seit dem Ende der Ritterzeit befindet sich der Hochadel des kontinentalen Europa, mit spärlichen Ausnahmen, im Zustande progressiver Dekadenz. Durch seine Urbanisierung hat er seine körperlichen und seelischen Vorzüge verloren.

Zur Zeit des Feudalismus war der Blutadel dazu berufen, sein Land gegen Angriffe des Feindes und Übergriffe des Herrschers zu schützen. Der Edelmann war frei und selbstbewußt gegen Untergebene, Gleichgestellte, Höhergestellte; König auf seinem Landbesitz, konnte er nach ritterlichen Grundsätzen seine Persönlichkeit frei entfalten.

Der Absolutismus änderte diese Situation: der oppositionelle Adel, der, frei, stolz und tapfer, auf seine historischen Rechte bestand, wurde, soweit es ging, ausgerottet; der Rest wurde an den Hof gezogen und dort in eine glänzende Knechtschaft gedrängt. Dieser Hofadel war unfrei, abhängig von den Launen des Herrschers und seiner Kamarilla; so mußte er seine besten Eigenschaften verlieren: Charakter, Freiheitsdrang, Stolz, Führerschaft. Um den Charakter und damit die Widerstandskraft des französischen Adels zu brechen, lockte ihn Ludwig XIV. nach Versailles; der großen Revolution blieb die Vollendung seines Werkes vorbehalten: sie hat dem Adel, der seine Vorzüge preisgegeben und verloren hatte, seine überlebten Vorrechte genommen. Nur in jenen Ländern Europas, wo der Adel, seiner ritterlichen Mission treu, Führer und Vorkämpfer der nationalen Opposition gegen monarchischen Despotismus und Fremdherrschaft blieb, erhielt sich ein adeliger Führertypus: in England, Ungarn, Polen, Italien.

Seit der Wandlung der europäischen Kultur aus einer ritterlich-rustikalen in eine bürgerlich- urbane blieb der Blutadel in geistig-kultureller Hinsicht hinter dem Bürgertum zurück. Krieg, Politik und die Verwaltung seiner Güter nahmen ihn so sehr in Anspruch, daß seine geistigen Fähigkeiten und Interessen vielfach verkümmerten.

Diese historischen Ursachen neuzeitlicher Adelsdämmerung wurden noch durch physiologische verstärkt. An Stelle des harten, mittelalterlichen Kriegsdienstes brachte die Neuzeit dem Adel meist arbeitsloses Wohlleben; aus dem bedrohtesten Stand wurde der Adel durch seinen Erbreichtum allmählich zum gesichertsten; dazu kamen noch die degenerativen Einflüsse übertriebener Inzucht, denen der englische Adel durch häufige Mischung mit bürgerlichem Blute entging. Durch das Zusammenwirken dieser Umstände verfiel der physische, psychische und geistige Typus einstigen Adels.

Der Hirnadel konnte den Blutadel nicht ablösen, weil auch er sich in einer Krise, in einem Verfallzustand befindet. Demokratie entstand aus Verlegenheit: nicht deshalb, weil die Menschen keinen Adel wollten, sondern deshalb, weil sie keinen Adel fanden. Sobald sich ein neuer, echter Adel konstituiert, wird Demokratie von selbst verschwinden. Weil England echten Adel besitzt, blieb es, trotz seiner demokratischen verfassung, aristokratisch.

Der akademische Hirnadel Deutschlands, vor einem Jahrhundert Führer der Opposition gegen Absolutismus und Feudalismus, Vorkämpfer moderner und freiheitlicher Ideen, ist heute zur Hauptstütze der Reaktion, zum Hauptgegner geistiger und politischer Erneuerung herabgesunken. Dieser Pseudo-Geistesadel Deutschlands war im Kriege Anwalt des Militarismus, in der Revolution Verteidiger des Kapitalismus. Seine Leitworte: Nationalismus, Militarismus, Antisemitismus, Alkoholismus, sind zugleich die Losungsworte im Kampfe wider den Geist. Ihre verantwortungsreiche Mission: den Feudaladel abzulösen und den Geistesadel vorzubereiten, hat die akademische Intelligenz verkannt, verleugnet, verraten.

Auch die publizistische Intelligenz hat ihre Führermission verraten. Sie, die berufen war, geistige Führerin und Lehrerin der Massen zu werden, zu ergänzen und zu verbessern, was ein rückständiges Schulsystem versäumt und verbrochen hat - erniedrigte sich in ihrer ungeheuren Mehrheit zur Sklavin des Kapitals, zur Verbildnerin des politischen und künstlerischen Geschmackes. Ihr Charakter zerbrach unter dem Zwang, statt eigener Überzeugungen fremde zu vertreten und zu verteidigen - ihr Geist verflachte durch die Überproduktion, zu der ihr Beruf sie zwingt.

Wie der Rhetor der Antike, so steht der Journalist der Neuzeit im Zentrum der Staatsmaschine: er bewegt die Wähler, die Wähler die Abgeordneten, die Abgeordneten die Minister. So fällt dem Journalisten die höchste Verantwortung für alles politische Geschehen zu: und gerade er, als typischer Vertreter urbaner Charakterlosigkeit, fühlt sich meist von jeder Verpflichtung und Verantwortung frei.

Schule und Presse sind die beiden Punkte, von denen aus die Welt sich unblutig, ohne Gewalt erneuern und veredeln ließe. Die Schule nährt oder vergiftet die Seele des Kindes; die Presse nährt oder vergiftet die Seele des Erwachsenen. Schule und Presse sind heute beide in den Händen einer ungeistigen Intelligenz: sie in die Hände des Geistes zurückzulegen, wäre die höchste Aufgabe jeder idealen Politik, jeder idealen Revolution.

Die Herrscherdynastien Europas sind durch Inzucht herabgekommen; die Plutokratendynastien durch Wohlleben. Der Blutadel verkam, weil er Diener der Monarchie wurde; der Geistesadel verkam, weil er Diener des Kapitals wurde.

Beide Aristokratien hatten vergessen, daß mit jedem Vorzug, mit jeder Auszeichnung und Ausnahmestellung Verantwortung verknüpft ist. Sie haben den Wahlspruch alles wahren Adels verlernt: „Noblesse oblige!" Sie wollten die Früchte ihrer Vorzugsstellung genießen, ohne deren Pflichten zu tragen; fühlten sich als Herren und Vorgesetzte, nicht als Führer und Vorbilder ihrer Mitmenschen. Statt dem Volke neue Ziele zu weisen, neue Wege zu bahnen, ließen sie sich von Herrschern und Kapitalisten zu Werkzeugen ihrer Interessen mißbrauchen: um Wohlleben, Ehrenstellen und Geld verkauften sie ihre Seelen, ihr Blut und ihr Hirn.

Der alte Adel des Blutes und des Hirnes hat den Anspruch verloren, weiter noch als Aristokratie zu gelten; denn es fehlen ihm die Zeichen allen echten Adels: Charakter, Freiheit, Verantwortung. Die Fäden, die sie mit ihren Völkern verbanden, haben sie zerschnitten: durch Standesdünkel auf der einen, Bildungsdünkel auf der anderen Seite.

Es liegt im Sinne historischer Nemesis, daß die große Sintflut, die von Rußland ihren Ausgang nimmt, auf blutigem oder unblutigem Wege die Welt von den Usurpatoren reinigt, die ihre Vorzugsstellungen behaupten wollen, während sie längst deren einstige Voraussetzungen verloren haben.

3. PLUTOKRATIE

Bei dem Tiefstand des Blut- und Geistesadels war es nicht zu verwundern, daß eine dritte Menschenklasse provisorisch die Macht an sich riß: die Plutokratie. Die Verfassungsform, die Feudalismus und Absolutismus ablöste, war demokratisch; die Herrschaftsform plutokratisch. Heute ist Demokratie Fassade der Plutokratie: weil die Völker nackte Plutokratie nicht dulden würden, wird ihnen die nominelle Macht überlassen, während die faktische Macht in den Händen der Plutokraten ruht. In republikanischen wie in monarchischen Demokratien sind die Staatsmänner Marionetten, die Kapitalisten Drahtzieher: sie diktieren die Richtlinien der Politik, sie beherrschen durch Ankauf der öffentlichen Meinung die Wähler, durch geschäftliche und gesellschaftliche Beziehungen die Minister.

An die Stelle der feudalen Gesellschaftsstruktur ist die plutokratische getreten: nicht mehr die Geburt ist maßgebend für die soziale Stellung, sondern das Einkommen. Die Plutokratie von heute ist mächtiger als die Aristokratie von gestern: denn niemand steht über ihr als der Staat, der ihr Werkzeug und Helfershelfer ist.

Als es noch wahren Blutadel gab, war das System der Geburtsaristokratie gerechter als heute das der Geldaristokratie: denn damals hatte die herrschende Kaste Verantwortungsgefühl, Kultur, Tradition während die Klasse, die heute herrscht, alles Verantwortungsgefühles, aller Kultur und Tradition bar ist. Vereinzelte Ausnahmen ändern nichts an dieser Tatsache.

Während die Weltanschauung des Feudalismus heroisch-religiös war, kennt die plutokratische Gesellschaft keine höheren Werte als Geld und Wohlleben: die Geltung eines Menschen wird taxiert nach dem, was er hat, nicht nach dem, was er ist.

Dennoch bilden die Führer der Plutokratie in gewissem Sinne eine Aristokratie, eine Auslese: denn zur Erraffung großer Vermögen sind eine Reihe hervorragender

Eigenschaften nötig: Tatkraft, Umsicht, Klugheit, Besonnenheit, Geistesgegenwart, Initiative, Verwegenheit und Großzügigkeit. Durch diese Vorzüge legitimieren sich die erfolgreichen Großunternehmer als moderne Eroberernaturen, deren überlegene Willens- und Geisteskraft ihnen über die Masse minderwertiger Konkurrenten den Sieg brachte.

Diese Überlegenheit der Plutokraten gilt jedoch nur innerhalb der erwerbenden Menschenklasse - sie verschwindet sofort, wenn jene hervorragenden Geldverdiener gemessen werden an den hervorragenden Vertretern idealer Berufe. Es ist also gerecht, daß ein tüchtiger Industrieller oder Kaufmann materiell und sozial höher aufsteigt als seine untüchtigen Kollegen - ungerecht aber ist es, dass eine gesellschaftliche Macht und Geltung höher ist als die eines Künstlers, Gelehrten, Politikers, Schriftstellers, Lehrers, Richters, Arztes, der in seinem Berufe ebenso fähig ist wie jener, dessen Fähigkeiten jedoch idealeren und sozialeren Zielen dienen: daß also das gegenwärtige Gesellschaftssystem die egoistisch-materialistische Mentalität prämiert gegenüber einer altruistisch-idealen.

In dieser Bevorzugung egoistischer Tüchtigkeit gegenüber altruistischer, materialistischer gegenüber idealistischer liegt das Grundübel der kapitalistischen Gesellschaftsstruktur; während die wahren Aristokraten des Geistes und Herzens: die Weisen und die Gütigen, in Armut und Ohnmacht leben, usurpieren egoistische Gewaltmenschen die Führerstellung, zu der jene berufen wären.

So ist Plutokratie in energetischer und intellektueller Hinsicht Aristokratie - in ethischer und geistiger Beziehung

Pseudo-Aristokratie; innerhalb der Erwerbsklassen Aristokratie - an idealeren Berufen gemessen Pseudo-Aristokratie.

Wie die Aristokratie des Blutes und des Geistes, so befindet sich auch die des Geldes gegenwärtig in einer Verfallsperiode. Die Söhne und Enkel jener großen Unternehmer, deren Wille, durch Not und Arbeit gestählt, sie aus dem Nichts zur Macht emporgeführt hatte, erschlaffen zumeist in Wohlleben und Untätigkeit. Nur selten vererbt sich die väterliche Tüchtigkeit oder sublimiert sich zu geistigerem und idealerem Schaffen. Den Plutokratengeschlechtern fehlt jene Tradition und Weltanschauung, jener konservativ-rustikale Geist, der einst die Adelsgeschlechter jahrhundertelang vor Entartung bewahrt hatte. Schwächliche Epigonen übernehmen das Machterbe ihrer Väter ohne die Gaben des Willens und Verstandes, durch die es errafft worden war. Macht und Tüchtigkeit geraten in Widerspruch: und unterhöhlen so die innere Berechtigung des Kapitalismus. Die historische Entwicklung hat diesen natürlichen Verfall beschleunigt. Durch die Hochkonjunktur des Krieges emporgetragen beginnt eine neue Schieber-Plutokratie die alte Unternehmer-Plutokratie zu zersetzen und zu verdrängen. Während mit der Bereicherung des Unternehmers der Volkswohlstand wächst, sinkt er mit der Bereicherung des Schiebers. Die Unternehmer sind Führer der Wirtschaft - die Schieber deren Parasiten: Unternehmertum ist produktiver - Schiebertum unproduktiver Kapitalismus.

Die gegenwärtige Hochkonjunktur erleichtert skrupellosen, hemmungslosen und gewissenlosen Menschen den Gelderwerb. Für Spekulations- und Schiebergewinne sind Glück und Rücksichtslosigkeit unentbehrlicher als hervorragende Willens- und Verstandesgaben. So repräsentiert die moderne Schieber-Plutokratie eher eine Kakistokratie des Charakters als eine Aristokratie der Tüchtigkeit. Durch die zunehmende Verwischung der Grenzen zwischen Unternehmertum und Schiebertum wird der Kapitalismus vor dem Forum des Geistes und der Öffentlichkeit kompromittiert und herabgezogen.

Keine Aristokratie kann sich ohne moralische Autorität dauernd behaupten. Sobald die herrschende Klasse aufhört, Symbol ethischer und ästhetischer Werte zu sein, wird ihr Sturz unaufhaltsam.

Die Plutokratie ist, an anderen Aristokratien gemessen, arm an ästhetischen Werten. Sie erfüllt die politischen Funktionen einer Aristokratie, ohne die Kulturwerte eines Adels zu bieten. Reichtum ist aber nur im Kleide der Schönheit erträglich, nur als träger einer ästhetischen Kultur gerechtfertigt. Indessen hüllt sich die neue Plutokratie in öde Geschmacklosigkeit und aufdringliche Häßlichkeit: ihr Reichtum wird unfruchtbar und abstoßend.

Die europäische Plutokratie vernachlässigt im Gegensatz zur amerikanischen- ihre ethische Mission ebensosehr wie ihre ästhetische: soziale Wohltäter großen Stiles sind ebenso spärlich wie Mäzene. Statt ihren Daseinszweck im Sozialen Kapitalismus zu erblicken, in der Zusammenfassung des zersplitterten Volksvermögens zu großzügigen Werken schöpferischer Humanität - fühlen sich die Plutokraten in ihrer erdrückenden Mehrheit berechtigt, ihr Wohlleben verantwortungslos auf Massenelend aufzubauen. Statt Treuhändler der Menschheit sind sie Ausbeuter, statt Führer Irreführer.

Durch diesen Mangel an ästhetischer und ethischer Kultur zieht sich die Plutokratie nicht nur den Haß, sondern auch die Verachtung der öffentlichen Meinung und ihrer geistigen Führer zu: da sie es nicht verstand, Adel zu werden, muß sie fallen.

Die russische Revolution bedeutet für die plutokratische Geschichtsepoche den Anfang vom Ende. Selbst wenn Lenin unterliegt, wird sein Schatten ebenso das zwanzigste Jahrhundert beherrschen, wie die französische Revolution trotz ihres Zusammenbruches die Entwicklung des neunzehnten bestimmt hat: nie hätten im kontinentalen Europa Feudalismus und Absolutismus freiwillig abgedankt - wenn nicht aus Angst vor einer Wiederholung jakobinischen Terrors, vor dem Ende des französischen Adels und Königs. So wird es dem Damoklesschwert bolschewistischen Terrors schneller gelingen, die Herzen der Plutokraten zu erweichen und sozialen Forderungen zugänglich zu machen als in zwei Jahrtausenden dem Evangelium Christi.

4. BLUTADEL UND ZUKUNFTSADEL

Adel beruht auf körperlicher, seelischer, geistiger Schönheit; Schönheit auf vollendeter Harmonie und gesteigerte Vitalität: wer darin seine Mitwelt überragt, ist Aristokrat.

Der alte aristokratische Typus ist im Aussterben; der neue noch nicht konstituiert, unsere Zwischenzeit ist bettelarm an großen Persönlichkeiten: an schönen Menschen; an edlen Menschen; an weisen Menschen. Indessen usurpieren Epigonen des versunkenen Adels die toten Formen einstiger Aristokratie und füllen sie mit dem Inhalt ihrer armseligen Bürgerlichkeit. Die starke Lebensfülle einstigen Adels ist auf Emporkömmlinge übergegangen: doch ihnen fehlen seine Formen, seine Vornehmheit, seine Schönheit.

Dennoch braucht die Zeit an der Idee des Adels, an der Zukunft eines Adels nicht zu verzweifeln. Will die Menschheit vorwärtsschreiten, braucht sie Führer, Lehrer, Wegweiser; Erfüllungen dessen, was sie werden will; Vorläufer ihrer künftigen Erhebung in höhere Sphären. Ohne Adel keine Evolution. Eudämonistische Politik kann demokratisch - evolutionistische Politik muß aristokratisch sein. Um emporzusteigen, um vorwärtszuschreiten sind Ziele nötig; um Ziele zu erreichen, sind Menschen nötig, die Ziele setzen, zu Zielen führen: Aristokraten.

Der Aristokrat als Führer ist ein politischer Begriff; der Adelige als Vorbild ist ein ästhetisches Ideal. Höchste Forderung verlangt, daß Aristokratie mit Adel, Führer mit Vorbild zusammenfällt: daß vollendeten Menschen die Führerschaft zufällt.

Von der europäischen Quantitätsmenschheit, die nur an die Zahl, die Masse glaubt, heben sich zwei Qualitätsrassen ab: Blutadel und Judentum. Voneinander geschieden, halten sie beide fest am Glauben an ihre höhere Mission, an ihr besseres Blut, an menschliche Rangunterschiede. In diesen beiden heterogenen Vorzugsrassen liegt der Kern des europäischen Zukunftsadels: im feudalen Blutadel, soweit er sich nicht vom Hofe, im jüdischen Hirnadel, soweit er sich nicht vom Kapital korrumpieren ließ. Als Bürgschaft einer besseren Zukunft bleibt ein kleiner Rest sittlich hochstehenden Rustikaladels und eine kleine Kampfgruppe revolutionärer Intelligenz. Hier wächst die Gemeinschaft zwischen Lenin, dem Mann aus ländlichem Kleinadel, und Trotzki, dem jüdischen Literaten, zum Symbol: hier versöhnen sich die Gegensätze von Charakter und Geist, von Junker und Literat, von rustikalem und urbanem, heidnischem und christlichem Menschen zur schöpferischen Synthese revolutionärer Aristokratie.

Ein Schritt vorwärts im Geistigen würde genügen, um die besten Elemente des Blutadels, die auf dem Lande ihre physische und moralische Gesundheit vor den depravierenden Einflüssen der Hofluft bewahrt haben, in den Dienst der neuen Menschenbefreiung zu stellen. Denn zu dieser Stellungnahme prädestiniert sie ihr traditioneller Mut, ihre antibürgerliche und antikapitalistische Mentalität, ihr Verantwortungsgefühl, ihre Verachtung materiellen Vorteils, ihr stoisches Willenstraining, ihre Integrität, ihr Idealismus. In geistigere und freiere Bahnen gelenkt, könnten sich die starken adeligen Energien, die bisher Stützen der Reaktion waren, zu neuer Blüte regenerieren und Führernaturen zeugen, die Unbeugsamkeit des Willens mit Seelengröße und Selbstlosigkeit verbinden; und, statt als Exponenten des Bürgertums (das ihnen im Innersten zuwider ist) kapitalistischen Interessen zu dienen, in eine Reihe treten mit den Vertretern des verjüngten Geistesadels zur Befreiung und Veredelung der Menschheit.

Politik war in Europa durch Jahrhunderte Adelsprivileg. Der Hochadel bildete eine internationale politische Kaste, in der diplomatische Talente herangezüchtet wurden. Seit vielen Generationen lebt der europäische Blutadel in einer politischen Atmosphäre, von der das Bürgertum mit Absicht ferngehalten wurde. Auf seinen Latifundien lernte der Adel die Kunst des Regierens, der Menschenbehandlung - auf den führenden Staatsposten des In- und Auslandes die Kunst der Völkerbehandlung. Politik ist Kunst, nicht Wissenschaft; ihr Schwerpunkt liegt mehr im Instinkt als im Verstande, mehr im Unterbewußten als im Bewußten. Politische Begabung läßt sich wecken und ausbilden, nie erlernen. Genie durchbricht alle Regeln: an politischen Talenten aber ist der Adel reicher als das Bürgertum. Denn, um Kenntnisse zu erwerben, genügt ein Einzelleben: um Instinkte zu züchten, bedarf es des

Zusammenwirkens vieler Generationen. In den Wissenschaften und schönen Künsten überragt das Bürgertum an Begabung den Adel: in der Politik ist das Verhältnis umgekehrt. Daher kommt es, daß auch die Demokratien Europas ihre Außenpolitik vielfach Abkömmlingen ihres Hochadels anvertrauen, denn es liegt im Staatsinteresse, die Erbmasse an politischer Begabung, die der Adel im Laufe der Jahrhunderte aufgespeichert hat, der Allgemeinheit nutzbar zu machen. Die politischen Fähigkeiten des Hochadels sind nicht zuletzt auf seine starke Blutmischung zurückzuführen. Denn diese nationale Rassenmischung weitet vielfach seinen Horizont und paralysiert so die üblen Folgen gleichzeitiger Kasten-Inzucht. Die große Mehrheit minderwertiger Aristokraten verbindet die Nachteile der Mischung mit denen der Inzucht: Charakterlosigkeit mit Geistesarmut; während sich in den seltenen Höhepunkten modernen Hochadels die Vorzüge beider begegnen: Charakter mit Geist.

In intellektueller Hinsicht klafft heutzutage zwischen der äußersten Rechten (konservativem Blutadel) und der äußersten Linken (revolutionärem Geistesadel) eine gewaltige Niveaudifferenz, während im Charakter diese scheinbaren Extreme sich berühren. Es liegt aber alles Intellektuelle, Bewußte an der Oberfläche - alles Charakteristische, Unbewusste in der Tiefe der Persönlichkeit. Erkenntnisse und Meinungen sind leichter zu bilden und umzubilden als Charaktereigenschaften und Willensrichtungen.

Lenin und Ludendorff sind in ihren politischen Idealen Antagonisten: in ihrer Willenseinstellung Brüder. Wäre Ludendorff im revolutionären Milieu russischen Studententums aufgewachsen; hätte er, wie Lenin, in früher Jugend die Hinrichtung seines Bruders durch kaiserliche

Henker erlebt: wir würden ihn, wahrscheinlich, an der Spitze des roten Rußland sehen. Während Lenin, in einer preußischen Kadettenschule großgezogen, vielleicht ein Über-Ludendorff geworden wäre. Was diese beiden verwandten Naturen scheidet, ist ihr geistiges Niveau. Lenins Beschränktheit scheint heroisch-bewußt, Ludendorffs Beschränktheit naiv-unbewußt zu sein. Lenin ist nicht bloß Führer—er ist auch Geistiger; sozusagen ein vergeistigte Ludendorff.

Die gleiche Parallele läßt sich ziehen zwischen zwei anderen vertretern der äußersten Linken und Rechten: Friedrich Adler und Graf Arco. Beide waren Mörder aus idealismus, Märtyrer ihrer Überzeugung. Wäre Adler im militaristisch-reaktionären Milieu deutschen Blutadels, Arco im sozialistisch-revolutionären Milieu österreichischen Geistesadels aufgewachsen- so hätte, wahrscheinlich, die Kugel Arcos den Ministerpräsidenten Stürgkh, die Kugel Adlers den Ministerpräsidenten Eisner getroffen. Denn auch sie sind Brüder, getrennt durch die verschiedenheit anerzogener Vorurteile, verbunden durch die Gemeinsamkeit heroisch- selbstlosen Charakters. Auch hier liegt der Unterschied im geistigen Niveau (Adler ist Geistesmensch), nicht in der Reinheit der Gesinnung. Wer den Charakter des Einen lobt, darf den des Anderen nicht herabsetzen - wie dies von beiden Seiten täglich geschieht.

Wo potenzierte Lebenskraft ist, da ist Zukunft. Die Blüte des Bauerntums, der Landadel, hat (soweit er sich gesund erhielt) in tausendjähriger Symbiose mit der lebendigen und lebenspendenden Natur eine Fülle vitaler Kräfte gesammelt und aufgespeichert. Gelingt es einer modernen Erziehung, einen Teil dieser gesteigerten Lebensenergie ins Geistige zu sublimieren: dann könnte, vielleicht, der Adel der Vergangenheit entscheidenden Anteil nehmen am Aufbau des Adels der Zukunft.

5. JUDENTUM UND ZUKUNFTSADEL

Hauptträger des korrupten wie des integren Hirnadels: des Kapitalismus, Journalismus und Literatentums, sind Juden[1]. Die Überlegenheit ihres Geistes prädestiniert sie zu einem Hauptfaktor zukünftigen Adels.

Ein Blick in die Geschichte des jüdischen Volkes erklärt seinen Vorsprung im Kampf um die Menschheitsführung. Vor zwei Jahrtausenden war das Judentum eine Religionsgemeinschaft, zusammengesetzt aus ethisch religiös veranlagten Individuen aller Nationen des antiken Kulturkreises, mit einem national-hebräischen Mittelpunkt in Palästina. Damals war bereits das Gemeinsame, Verbindende und Primäre nicht die Nation, sondern die Religion. Im Laufe des ersten Jahrtausends unserer Zeitrechnung traten in diese Glaubensgemeinschaft Proselyten aus allen Völkern ein, zuletzt König, Adel und Volk der mongolischen Chazaren, der Herren Südrußlands. Von da an erst schloß sich die jüdische Religionsgemeinschaft zu einer künstlichen Volksgemeinschaft zusammen und gegen alle übrigen Völker ab[2].

Durch unsagbare Verfolgungen versucht seit einem Jahrtausend das christliche Europa das jüdische Volk auszurotten. Der Erfolg war, daß alle Juden, die willensschwach, skrupellos, opportunistisch oder skeptisch waren, sich taufen ließen, um dadurch den Qualen endloser

---

[1] Das Folgende bezieht sich in erster Linie auf Mittel- und Osteuropa.
[2] Siehe: *„Das Wesen des Antisemitismus"* von Dr. Heinrich Graf Coudenhove-Kalergi (II. Auflage, Paneuropa-Verlag, Wien).

Verfolgung zu entgehen. Anderseits gingen unter diesen vielfach erschwerten Lebensbedingungen alle Juden zugrunde, die nicht geschickt, klug und erfinderisch genug waren, den Daseinskampf in dieser schwierigsten Form zu bestehen.

So ging schließlich aus all diesen Verfolgungen eine kleine Gemeinschaft hervor, gestählt durch ein heldenmütig ertragenes Martyrium für die Idee und geläutert von allen willensschwachen und geistesarmen Elementen. Statt das Judentum zu vernichten, hat es Europa wider Willen durch jenen künstlichen Ausleseprozeß veredelt und zu einer Führernation der Zukunft erzogen. Kein Wunder also, daß dieses Volk, dem Ghetto-Kerker entsprungen, sich zu einem geistigen Adel Europas entwickelt. So hat eine gütige Vorsehung Europa in dem Augenblick, als der Feudaladel verfiel, durch die Judenemancipation eine neue Adelsrasse von Geistes Gnaden geschenkt.

Der erste typische Repräsentant dieses werdenden Zukunftsadel war der revolutionäre Edeljude Lassalle, der in hohem Maße Schönheit des Körpers mit Edelmut des Charakters und Schärfe des Geistes vereinte: Aristokrat im höchsten und wahrsten Sinne des Wortes, war er ein geborener Führer und Wegweiser seiner Zelt.

Nicht: das Judentum ist der neue Adel; sondern: das Judentum ist der Schoß, aus dem ein neuer, geistiger Adel Europas hervorgeht; der Kern, um den sich ein neuer, geistiger Adel gruppiert. Eine geistig-urbane Herrenrasse ist in Bildung: Idealisten, geistvoll und feinnervig, gerecht und überzeugungstreu, tapfer wie der Feudaladel in seinen besten Tagen, die Tod und Verfolgung, Haß und Verachtung freudig auf sich nehmen, um die Menschheit sittlicher, geistiger, glücklicher zu machen.

Die jüdischen Helden und Märtyrer der ost- und mitteleuropäischen Revolution stehen an Mut, Ausdauer und Idealismus den nichtjüdischen Helden des Weltkrieges in nichts nach - während sie dieselben an Geist vielfach überragen. Das Wesen dieser Männer und Frauen, die es versuchen, die Menschheit zu erlösen und zu regenerieren, ist eine eigentümliche Synthese religiöser und politischer Elemente: von heroischem Märtyrertum und geistiger Propaganda, revolutionärer Tatkraft und sozialer Liebe, von Gerechtigkeit und Mitleid. Diese Wesenszüge, die sie einst zu Schöpfern der christlichen Weltbewegung gemacht haben, stellen sie heute an die Spitze der sozialistischen.

Mit diesen beiden Erlösungsversuchen geistig-sittlichen Ursprunges hat das Judentum die enterbten Massen Europas reicher beschenkt als irgendein zweites Volk. Wie denn auch das moderne Judentum durch seinen Prozentsatz an bedeutenden Männern alle übrigen Völker übertrifft: kaum ein Jahrhundert nach seiner Befreiung steht dieses kleine Volk heute mit Einstein an der Spitze moderner Wissenschaft; mit Mahler an der Spitze moderner Musik; mit Bergson an der Spitze moderner Philosophie; mit Trotzki an der Spitze

moderner Politik. Die prominente Stellung, die das Judentum heutzutage innehat, verdankt es allein seiner geistigen Überlegenheit, die es befähigt, über eine ungeheuere Übermacht bevorzugter, gehässiger, neidischer Rivalen im geistigen Wettkampf zu siegen. Der moderne Antisemitismus ist eine der vielen Reaktionserscheinungen des Mittelmäßigen gegen das Hervorragende; ist eine neuzeitliche Form des Ostrakismus, angewandt gegen ein ganzes Volk. Als Volk erlebt das Judentum den ewigen Kampf der Quantität gegen die Qualität, minderwertiger Gruppen gegen höherrvertige Individuen, minderwertiger

Majoritäten gegen höherwertige Minoritäten.

Die Hauptwurzeln des Antisemitismus sind Beschränktheit und Neid: Beschränktheid in Religiösen oder im Wissenschaftlichen; Neid im Geistigen oder im Wirtschaftlichen.

Dadurch, daß sie aus einer internationalen Religionsgemeinschaft, nicht aus einer lokalen Rasse hervorgegangen sind, sind die Juden das Volk der stärksten Blutmischung; dadurch, daß sie sich seit einem Jahrtausend gegen die übrigen Völker abschließen, sind sie das Volk stärkster Inzucht. So vereinigen, wie beim Hochadel, die Auserwählten unter ihnen Willensstärke mit Geistesschärfe, während ein anderer Teil der Juden die Mängel der Inzucht mit den Mängeln der Blutmischung Verbindet: Charakterlosigkeit mit Beschränktheit. Hier findet sich heiligste Selbstaufopferung neben beschränktester Selbstsucht, reinster Idealismus neben krassestem Materialismus. Auch hier bestätigt sich die Regel: je gemischter ein Volk, desto unähnlicher sind seine Repräsentanten untereinander, desto unmöglicher ist es, einen Einheitstypus zu konstruieren.

Wo viel Licht, da ist viel Schatten. Geniale Familien weisen einen höheren Prozentsatz an Irrsinnigen und Verbrechern auf als mittelmäßige; das gilt auch von Völkern. Nicht bloß die revolutionäre Geistesaristokratie von morgen - auch die plutokratische Schieber-Kakistokratie von heute rekrutiert sich vornehmlich aus Juden: und schärft so die agitatorischen Waffen des Antisemitismus.

Tausendjährige Sklaverei hat den Juden, mit seltenen Ausnahmen, die Geste des Herrenmenschen genommen. Dauernde Unterdrückung hemmt

Persönlichkeitsentfaltung: und nimmt damit ein Hauptelement des ästhetischen Adelsideals. An diesem Mangel leidet, physisch wie psychisch, ein Großteil des Judentums; dieser Mangel ist die Hauptursache, daß der europäische Instinkt sich dagegen sträubt, das Judentum als Adelsrasse anzuerkennen.

Das Ressentiment, mit dem die Unterdrückung das Judentum belastet hat, gibt ihm viel vitale Spannung; nimmt ihm dafür viel vornehme Harmonie. Übertriebene Inzucht, verbunden mit der Hyperurbanität der Ghetto-Vergangenheit, hatte manche Züge physischer und psychischer Dekadenz im Gefolge. Was der Kopf der Juden gewann, hat oft ihr Körper verloren; was ihr Hirn gewann, hat ihr Nervensystem verloren.

So leidet das Judentum an einer Hypertrophie des Hirnes und stellt sich so in Gegensatz zur adeligen Forderung harmonischer Persönlichkeitsentfaltung. Die körperliche und nervöse Schwäche vieler geistig hervorragender Juden zeitigt einen Mangel an physischem Mut (oft in Verbindung mit höchstem moralischen Mut) und eine Unsicherheit des Auftretens: Eigenschaften, die heute noch mit dem ritterlichen Ideal des Adelsmenschen unvereinbar erscheinen.

So hat das geistige Herrenvolk der Juden unter Zügen des Sklavenmenschen zu leiden, die ihm seine historische Entwicklung aufgeprägt hat: noch heute tragen viele jüdische Führerpersönlichkeiten Haltung und Geste des unfreien, unterdrückten Menschen. In ihren Gesten sind herabgekommene Aristokraten oft adeliger als hervorragende Juden. Diese Mängel des Judentums, durch die Entwicklung entstanden, werden durch die Entwicklung wieder verschwinden. Die Rustikalisierung des Judentums (ein Hauptziel des Zionismus), verbunden mit sportlicher Erziehung, wird das Judentum vom Ghetto-Rest, den es heute noch in sich trägt, befreien. Daß dies möglich ist, beweist die Entwicklung des amerikanischen Judentums. Der faktischen Freiheit und Macht, die das Judentum errungen hat, wird das Bewußtsein derselben, dem Bewußtsein allmählich Haltung und Geste des freien, mächtigen Menschen folgen.

Nicht nur das Judentum wird sich in der Richtung des westlichen Adelsideals wandeln - auch das westliche Adelsideal wird eine Wandlung erfahren, die dem Judentum auf halbem Wege entgegenkommt. In einem friedlicheren Europa der Zukunft wird der Adel seinen kriegerischen Charakter abstreifen und mit einem geistig - priesterlichen vertauschen. Ein pazifiziertes und sozialisiertes Abendland wird keine Gebieter und Herrscher mehr brauchen - nur Führer, Erzieher, Vorbilder. In einem orientalischen Europa wird der Zukunftsaristokrat mehr einem Brahmanen und Mandarin gleichen als einem Ritter.

AUSBLICK

Der Adelsmensch der Zukunft wird weder feudal noch jüdisch, weder bürgerlich noch proletarisch: er wird synthetisch sein. Die Rassen und Klassen im heutigen Sinne werden verschwinden, die Persönlichkeiten bleiben.

Erst durch Verbindung mit bestem Bürgerblut werden die entwicklungsfähigen Elemente einstigen Feudaladels sich zu neuer Blüte emporringen; erst durch Vereinigung mit den Gipfeln nichtjüdischen Europäertums wird das jüdische Element des Zukunftsadel zur vollen Entfaltung gelangen. Den auserwählten Menschen der Zukunft mag ein physisch hochgezüchteter Rustikaladel vollendete Körper und Gesten, ein geistig hochgebildeter Urbanadel vergeistigte Physiognomien, durchseelte Augen und Hände schenken.

Der Adel der Vergangenheit war aufgebaut auf Quantität: der feudale auf die Zahl der Ahnen; der plutokratische auf die Zahl der Millionen. Der Adel der Zukunft wird auf Qualität beruhen: auf persönlichem Wert, persönlicher Vollkommenheit; auf Vollendung des Leibes, der Seele, des Geistes.

Heute, an der Schwelle eines neuen Zeitalters, tritt an die Stelle des einstigen Erbadels ein Zufallsadel; statt Adelsrassen adelige Individuen: Menschen, deren zufällige Blutzusammensetzung sie zu vorbildlichen Typen erhebt.

Aus diesem Zufallsadel von heute wird die neue internationale und intersoziale Adelsrasse von morgen hervorgehen. Alles Hervorragende an Schönheit, Kraft, Energie und Geist wird sich erkennen und zusammenschließen nach den geheimen Gesetzen erotischer Attraktion. Sind erst einmal die künstlichen Schranken gefallen, die Feudalismus und Kapitalismus zwischen den Menschen errichtet haben - dann werden automatisch den bedeutendsten Männern die schönsten Frauen zufallen, den hervorragendsten Frauen die vollendesten Männer. Je vollkommener dann im Physischen, Psychischen, Geistigen ein Mann sein wird - desto größer die Zahl der Frauen, unter denen er wird wählen können. Nur den edelsten Männern wird die Verbindung mit den edelsten Frauen freistehen und umgekehrt - die Minderwertigen werden sich mit den Minderwertigen zufrieden geben müssen. Dann wird die erotische Lebensform der Minderwertigen und Mittelmäßigen Freie Liebe sein, der Auserwählten: Freie Ehe. So wird der neue Zuchtadel der Zukunft nicht hervorgehen aus den künstlichen Normen menschlicher Kastenbildung, sondern aus den göttlichen Gesetzen erotischer Eugenik.

Die natürliche Rangordnung menschlicher Vollkommenheit wird an die Stelle der künstlichen Rangordnung: des Feudalismus und Kapitalismus treten.

Der Sozialismus, der mit der Abschaffung des Adels, mit der Nivellierung der Menschheit begann, wird in der Züchtung des Adels, in der Differenzierung der Menschheit gipfeln. Hier, in der sozialen Eugenik, liegt seine höchste historische Mission, die er heute noch nicht erkennt: aus ungerechter Ungleichheit über Gleichheit zu gerechter Ungleichheit zu führen, über die Trümmer aller Pseudo-Aristokratie zu echtem, neuem Adel.

APOLOGIE DER TECHNIK - 1922

Motto:
Ethik ist die Seele unserer Kultur -
Technik ihr Leib: mens sana in corpore sanol

I. DAS VERLORENE PARADIES

1. DER FLUCH DER KULTUR

Die Kultur hat Europa in ein Zuchthaus verwandelt und die Mehrzahl seiner Bewohner in Zwangsarbeiter. Der moderne Kulturmensch fristet ein elenderes Leben als alle Tiere der Wildnis: die einzigen Wesen, die noch bemitleidenswerter sind, als er, sind seine Haustiere - weil sie noch unfreier sind.

Das Dasein eines Büffels im Urwalde, eines Kondors in den Anden, eines Haifisches im Ozean ist unvergleichlich schöner, freier und glücklicher als das eines europäischen Fabrikarbeiters, der, Tag für Tag, Stunden und Stunden an seine Maschine gekettet, unorganische Handgriffe verrichten muß, um nicht zu verhungern.

Auch der Mensch war einst in der Vorzeit ein glückliches Wesen: ein glückliches Tier. Da lebte er in Freiheit, als Teil einer tropischen Natur, die ihn nährte und wärmte. Sein Leben bestand in der Befriedigung seiner Triebe; er genoß es, bis ihn ein natürlicher oder gewaltsamer Tod traf. Er war frei; lebte in der Natur - statt im Staate; spielte - statt zu arbeiten: darum war er schön und glücklich. Sein Lebensmut und seine Lebens-freude waren stärker als alle Schmerzen, die ihn trafen und als alle Gefahren, die ihm drohten.

Im Laufe der Jahrtausende hat der Mensch dieses köstliche, freie Dasein verloren. Der Europäer, der sich für den Gipfel der Zivilisation hält, lebt in unnatürlichen und häßlichen Städten ein unnatürliches, häßliches, unfreies, ungesundes, unorganisches Leben. Mit verkümmerten Instinkten und geschwächter Gesundheit atmet er in düsteren Räumen verdorbene Luft; die organisierte Gesellschaft, der Staat, raubt ihm jede Bewegungs- und Handlungsfreiheit, während ein rauhes Klima ihn zu lebenslänglicher Arbeit zwingt.

Die Freiheit, die er einst besaß, hat der Mensch verloren: und mit ihr das Glück. -

2. ENTFALTUNG UND FREIHEIT

Alles irdischen Daseins Endziel ist Entfaltung: das Gestein will auskristallisieren, die Pflanze wachsen und blühen, das Tier und der Mensch sich ausleben. Die Lust, die nur Menschen und Tieren bekannt ist, hat keinen eigenen, sondern nur symptomatischen Wert: das Tier befriedigt nicht seine Instinkte, weil es dabei Lust empfindet - sondern es empfindet Lust, weil es seine Instinkte befriedigt.

Entfaltung bedeutet Wachstum nach den Gesetzen des eigenen Innern: Wachstum in Freiheit. Jeder äußere Druck und Zwang hemmt die Freiheit der Entfaltung. In einer determinierten Welt hat Freiheit keine andere Bedeutung als: Abhängigkeit von inneren Gesetzen, während Unfreiheit heißt: Abhängigkeit von äußeren Verhältnissen. Der Kristall hat nicht die Freiheit, sich eine beliebige stereometrische Gestalt zu wählen: die Knospe hat nicht die Freiheit, sich zu einer beliebigen Blüte zu entfalten: aber die Freiheit des Gesteines besteht darin, daß es zum Kristall, die Freiheit der Knospe, daß sie zur Blüte wird. Das unfreie Gestein bleibt amorph oder kristallinisch - die unfreie Blüte verkümmert. In beiden Fällen ist der äußere Zwang stärker als die innere Kraft. Das Produkt menschlicher Freiheit ist der entfaltete Mensch; das Produkt menschlicher Unfreiheit: der verkümmerte

Mensch.

Weil der freie Mensch sich entfalten kann, ist er schön und glücklich. Der freie, entfaltete Mensch ist das Ziel aller Entwicklung und das Maß aller menschlichen Werte.

Der Mensch hat seine einstige Freiheit verloren: das war sein Sündenfall. So wurde er zu einem unglücklichen, unvollkommenen Geschöpf. Alle wilden Tiere sind schön - während die meisten Menschen häßlich sind. Es gibt viel mehr vollkommene Tiger, Elephanten, Adler, Fische, Insekten als Menschen: denn der Mensch ist, durch Verlust seiner Freiheit, verkümmert und verkommen.

Die Sage vom verlorenen Paradiese der Vorzeit verkündet die Wahrheit, daß der Mensch ein Verbannter ist aus dem Reiche der Freiheit, der Muße und des naturgemäßen Lebens, in dem heute noch die Fauna des Urwaldes lebt und dem, unter den heutigen Menschen, einige Südseeinsulaner noch am nächsten stehen.

Das verlorene Paradies ist die Zeit des menschlichen Tier-Daseins in den Tropen, da es noch keine Städte, keine Staaten und keine Arbeit gab. -

3. ÜBERVÖLKERUNG UND NORDWANDERUNG

Zwei Dinge haben den Menschen aus seinem Paradiese vertrieben: die Übervölkerung und die Wanderung in kältere Zonen. - Durch die Übervölkerung hat der Mensch die Freiheit des Raumes verloren: überall stößt er an seine Mitmenschen und deren Interessen - so wurde er zum Sklaven der Gesellschaft.

Durch die Auswanderung nach Norden hat der Mensch die Freiheit der Zeit verloren: die Muße. Denn das rauhe Klima zwingt ihn zu unfreiwilliger Arbeit, um sein Leben zu fristen: so wurde er zum Sklaven der nordischen Natur.

Die Kultur hat die drei Formen der Schönheit vernichtet, die das Dasein des Naturmenschen verklärten: Freiheit, Muße, Natur; an deren Stelle hat sie den Staat, die Arbeit und die Stadt gesetzt.

Der Kultureuropäer ist ein Verbannter des Südens, ein Verbannter der Natur. -

4. GESELLSCHAFT UND KLIMA

Die beiden Zwingherrn des Kultureuropäers heißen: Gesellschaft und Klima.

Die soziale Unfreiheit erreicht ihren Höhepunkt in der modernen Großstadt, weil hier Gedränge und Übervölkerung am größten sind. Da leben die Menschen nicht nur nebeneinander, sondern übereinander geschichtet, eingemauert in künstliche Steinblöcke (Häuser); ständig bewacht und beargwöhnt durch die Organe der Gesellschaft, müssen sie sich ungefragt einer Unzahl von Gesetzen und Vorschriften fügen; wenn sie gegen dieselben verstoßen, werden sie von ihren Mitmenschen jahrelang gemartert (eingesperrt) oder ermordet (hingerichtet). - Weniger drückend als in den Städten ist die soziale Unfreiheit auf dem Lande, am wenigsten drückend in dünn bevölkerten Gegenden, wie etwa Westamerika, Grönland, der Mongolei und Arabien. Dort kann sich noch der Mensch im Raume entfalten, ohne gleich mit der Gesellschaft in Konflikt zu geraten; dort gibt es noch Reste sozialer Freiheit.

Die klimatische Unfreiheit ist am drückendsten in den Kulturländern des Nordens. Dort muß der Mensch einem sonnenarmen Boden während der kurzen Sommermonate die Nahrung für das ganze Jahr abtrotzen und sich gleichzeitig durch Beschaffung von Kleidung, Wohnung und Heizung vor dem Winterfrost schützen. Sträubt er sich gegen diese Zwangsarbeit, so muß er verhungern oder erfrieren. So zwingt ihn das nordische Klima zu rastloser, aufreibender, mühsamer Zwangsarbeit. - Mehr Freiheit gewährt die Natur in gemäßigten Zonen, wo der Mensch nur dem einen Zwingherrn: dem Hunger, dienen muß, während der zweite: der Frost, von der Sonne bezwungen wird. Der freieste Mensch ist der tropische, weil dort Früchte und Nüsse ihn auch ohne Arbeit ernähren. Nur dort gibt es noch klimatische Freiheit.

Europa ist ein übervölkerter und nördlicher Erdstrich zugleich: deshalb ist der Europäer der unfreieste Mensch, Sklave der Gesellschaft und der Natur.

Gesellschaft und Natur treiben einander ihre Opfer zu: der Mensch, der aus der Stadt in die Einöde flieht,

um dort Schutz zu suchen vor dem Gedränge der Gesellschaft sieht sich bedroht vom unbarmherzigen Klima, von Hunger und Frost. Der Mensch, der vor den Naturgewalten in die Stadt flieht und dort bei seinen Mitmenschen Schutz sucht - sieht sich bedroht von der unbarmherzigen Gesellschaft, die ihn ausbeutet und zertritt.

5. BEFREIUNGSVERSUCHE DER MENSCHHEIT

Die Weltgeschichte setzt sich zusammen aus

Befreiungsversuchen des Menschen aus dem Kerker der Gesellschaft und dem Exil des Nordens.

Die vier Hauptwege, auf denen der Mensch versuchte, in das verlorene Paradies der Freiheit und der Muße heimzukehren, waren folgende:

I. Der Weg nach rückwärtst (Auswanderung): zurück zur Einsamkeit und zur Sonne. Mit diesem Ziele wandern seit jeher Menschen und Völker aus dichtbesiedelten Erdstrichen in dünnbesiedelte, aus kälteren in wärmere Zonen. Fast alle Völkerwanderungen und ein großer Teil der Kriege lassen sich auf diesen ursprünglichen Drang nach Bewegungsfreiheit und Sonne zurückführen. -
II. Der Weg nach oben (Macht): hinauf aus dem Menschengedränge in die Einsamkeit, Freiheit und Muße der oberen Zehntausend! Dieser Ruf erscholl, als infolge der Übervölkerung Macht Vorbedingung der Freiheit - und infolge der klimatischen Verhältnisse Macht Vorbedingung der Muße wurde. Denn nur der Mächtige kann sich entfalten, ohne auf seine Mitmenschen Rücksicht nehmen zu brauchen - nur der Mächtige kann sich vom Arbeitszwange befreien, indem er andere für sich arbeiten läßt. In übervölkerten Ländern steht der Mensch vor der Wahl, entweder auf die Köpfe seiner Mitmenschen zu steigen oder seinen eigenen Kopf von ihnen treten zu lassen: Herr oder Knecht, Räuber oder Bettler zu sein. - Dieser allgemeine Drang nach Macht war der Vater der Kriege, Revolutionen und Kämpfe zwischen den Menschen.-
III. Der Weg nach innen (Ethik): weg aus dem äußeren Gedränge in die innere Einsamkeit, aus der äußeren Arbeit in die innere Harmonie! Befreiung des Menschen durch Selbstbeherrschung, Seibstbeschränkung und Selbstlosigkeit; Bedürfnislosigkeit als Schutz vor

Bedürftigkeit; zurückschrauben der Ansprüche auf Muße und Freiheit, bis sie jenen Minimum entsprechen, das eine übervölkerte Gesellschaft und ein rauhes Klima bieten. - Auf diesen Drang, Ersatz für die äußere Unfreiheit und Arbeit in der Freiheit und Seelenruhe des Herzens zu suchen, gehen alle religiösen Bewegungen zurück. -
IV. Der Weg nach vorwärts (Technik): heraus aus der Epoche der Sklavenarbeit ein neues Zeitalter der Freiheit und Muße durch den Sieg des Menschengeistes über die Naturkräfte! Überwindung der Überbevölkerung durch Produktionssteigerung, der menschlichen Sklavenarbeit durch Versklavung der Naturkräfte. - Auf dieses Streben, durch Bezwingung der Natur ihre Gewaltherrschaft zu brechen, ist der technische und wissenschaftliche Fortschritt zurückzuführen.

II. ETHIK UND TECHNIK

1. DIE SOZIALE FRAGE

Die Schicksalsfrage der europäischen Kultur lautet: „Wie ist es möglich, eine auf den engen Raum eines kalten und kargen Erdteiles zusammengedrängte Menschheit vor Hunger, Kälte, Totschlag und Überanstrengung zu schützen und ihr die Freiheit und Muße zu geben, durch die sie einst zu Glück und Schönheit gelangen kann?"

Die Antwort lautet: „Durch Entwicklung der Ethik und der Technik". - Die Ethik kann den Europäer durch Schule, Presse und Religion aus einem Raubtier in ein Haustier verwandeln und ihn dadurch reif zur freien Gemeinschaft machen - die Technik kann durch Steigerung der Produktion und Umwandlung der menschlichen Zwangsarbeit in Maschinenarbeit dem Europäer die freie Zeit und Arbeitskraft schenken, die er zum Ausbau einer Kultur braucht.

Ethik löst die soziale Frage von innen - Technik von außen. - In Europa haben nur zwei Menschenklassen die Voraussetzungen zum Glück: die Reichen, die alles tun und haben können, was sie wollen - und die Heiligen, die nicht mehr tun und haben wollen, als ihnen ihr Schicksal gewährt. Die Reichen erobern sich ein objektive Freiheit durch ihre Macht, Mitmenschen und Naturkräfte in Organe ihres Wollens zu verwandeln - die Heiligen erobern sich eine subjektive Freiheit durch die Gleichgültigkeit, mit der sie irdischen Gütern gegenüberstehen. Der Reiche kann sich nach außen entfalten - der Heilige nach innen.

Alle übrigen Europäer sind Sklaven der Natur und der

Gesellschaft: Zwangsarbeiter und Gefangene. -

2. UNZULÄNGLICHKEIT DER POLITIK

Es ist das Ideal der Ethik, aus Europa eine Gemeinschaft von Heiligen zu machen; es ist das Ideal der Technik, aus Europa eine Gemeinschaft von Reichen zu machen. Die Ethik will die Begehrlichkeit abschaffen, damit die Menschen sich nicht mehr arm fühlen - die Technik will die Not abschaffen, damit die Menschen nicht mehr arm sind.

Die Politik ist weder in der Lage, die Menschen zufrieden zu machen, noch reich. Deshalb müssen ihre eigenmächtigen Versuche, die soziale Frage zu lösen, scheitern. Nur im Dienste der Ethik und Technik kann Politik an der Lösung der sozialen Frage mitwirken.

Bei dem heutigen Stande der Ethik und Technik wäre das höchste, was Politik erreichen könnte, die Verallgemeinerung der Unfreiheit, Armut und Zwangsarbeit. Sie könnte diese Übel nur ausgleichen, nicht aufheben; könnte aus Europa ein Zuchthaus gleichberechtigter Zwangsarbeiter machen - aber kein

Paradies. Der Staatsbürger des sozialen Idealstaates wäre unfreier und geplagter als der Südseeinsulaner im Naturzustande: die Kulturgeschichte würde zur Geschichte eines verhängnisvollen Betruges am Menschen. -

3. STAAT UND ARBEIT

Solange die Ethik zu schwach ist, um den Menschen vor seinen Mitmenschen zu schützen, und die Technik zu unentwickelt, um deren Arbeitslast auf die Naturkräfte zu überwälzen, - sucht die Menschheit die Schäden der Übervölkerung durch den Staat abzuwehren, die Gefahren des Klimas durch die Arbeit.

Der Staat schützt den Menschen vor der Willkür der Mitmenschen - die Arbeit vor der Willkür der Naturgewalten.

Der organisierte Zwangsstaat gewährt unter gewissen Bedingungen dem Menschen, der auf seine Freiheit verzichtet, den Schutz der Person und des Eigentums gegen die Mord- und Raubgelüste seiner Mitmenschen - die organisierte Zwangsarbeit gewährt in nördlichen Gegenden dem Menschen, der auf seine Zeit und Arbeitskraft verzichtet, Schutz vor dem Verhungern und Erfrieren. -

Diese beiden Institutionen begnadigen den Europäer, der von Natur aus als überzählig dem Tode verfallen wäre, zu lebenslänglicher Zwangsarbeit; um sein Leben zu fristen, muß er seine Freiheit hingeben. Als Staatsbürger ist er eingesperrt in den engen Käfig seiner Rechte und Pflichten - als Zwangsarbeiter ist er eingespannt in das harte Joch seiner Arbeitsleistung. Lehnt er sich gegen den Staat auf - so droht ihm der Galgen; lehnt er sich gegen die Arbeit auf - so droht ihm der Hungertod. -

4. ANARCHIE UND MUSSE

Staat und Arbeit geben beide vor, Ideale zu sein; sie verlangen von ihren Opfern Ehrfurcht und Liebe. Sie sind aber keine Ideale: sie sind schwer zu ertragende soziale und klimatische Notwendigkeiten.

Seit es Staaten gibt, träumt die Sehnsucht des Menschen von Anarchie, vom idealen Zustande der Staatslosigkeit -

seit es Arbeit gibt, träumt die Sehnsucht des Menschen von Muße, vom Idealzustand der freien Zeit.

Anarchie und Muße sind Ideale - nicht Staat und Arbeit.

Anarchie ist in einer dichtbevölkerten Gesellschaft, die nicht auf hoher ethischer Stufe steht, undurchführbar. Ihre Verwirklichung müßte den letzten Rest an Freiheit und Lebensmöglichkeit, den der Staat seinen Bürgern reserviert, vernichten. In der allgemeinen Panik kollidierender Egoismen würden die Menschen einander erdrücken. Statt zur Freiheit müßte Anarchie zur ärgsten Unfreiheit führen.

Bei allgemeiner Muße müßten in einem nördlichen Weltteil innerhalb Monate die Mehrzahl der Menschen verhungern oder erfrieren. Not und Elend würden ihren Gipfel erreichen. -

Einsiedler-Anarchien herrschen in Wüsten und Schneefeldern unter Eskimos und Beduinen; Muße herrscht in dünnbevölkerten und fruchtbaren Südländern. -

5. ÜBERWINDUNG VON STAAT UND ARBEIT

Zwangsstaat und Zwangsarbeit, die beiden Beschützer und Zwingherrn des Kulturmenschen, können durch keine politische Revolution beseitigt werden; nur durch Ethik und Technik. Bevor nicht Ethik den Zwangsstaat überwunden hat, bedeutet Anarchie allgemeinen Mord und Raub - bevor nicht Technik die Zwangsarbeit überwunden hat, bedeutet Muße allgemeinen Hunger- und Kältetod.

Nur durch Ethik kann sich der Bewohner übervölkerter

Länder aus der Tyrannei der Gesellschaft erlösen, nur durch Technik kann sich der Bewohner kälterer Zonen aus der Tyrannei der Naturgewalten erlösen.

Die Mission des Staates ist, durch Förderung der Ethik sich selbst überflüssig zu machen und schließlich zur Anarchie zu führen - die Mission der Arbeit ist, durch Förderung der Technik sich selbst überflüssig zu machen und schließlich zur Muße zu führen.

Nicht die freiwillige Menschengemeinschaft ist Fluch - sondern nur der Zwangsstaat; nicht die freiwillige Arbeit ist Fluch - sondern nur die Zwangsarbeit. Nicht Zügellosigkeit ist Ideal sondern Freiheit: nicht Müßiggang ist Ideal - sondern Muße.

Zwangsstaat und Zwangsarbeit sind Dinge, die überwunden werden müssen: aber sie können nicht überwunden werden durch Anarchie und Muße, bevor nicht Ethik und Technik ausgereift sind; um dahin zu gelangen, muß der Mensch den Zwangsstaat ausbauen, um die Ethik zu fördern - die Zwangsarbeit ausbauen, um die Technik zu fördern.

Der Weg zur ethischen Anarchie führt über Staatszwang, der Weg zu technischen Muße führt über Arbeitszwang.

Die Kurve der Kulturspirale, die aus dem Paradiese der Vergangenheit in das Paradies der Zukunft führt, nimmt folgenden Doppellauf:

Naturanarchie – Übervölkerung - Zwangsstaat - Ethik - Kulturanarchie; Naturmuße - Nordwanderung - Zwangsarbeit - Technik - Kulturmuße.

Wir befinden uns heute in der Mitte dieser Kurven, von

beiden Paradiesen weit entfernt: daher unser Elend. Der moderne Durchschnittseuropäer ist nicht mehr Naturmensch - aber noch nicht Kulturmensch; nicht mehr Tier - aber noch nicht Mensch; nicht mehr Teil der Natur - aber noch nicht Herr der Natur. -

6. ETHIK UND TECHNIK

Ethik und Technik sind Schwestern: Ethik beherrscht die Naturkräfte in uns, Technik beherrscht die Naturkräfte um uns. Beide suchen die Natur zu bezwingen durch gestaltenden Geist.

Ethik sucht durch heroische Verneinung den Menschen zu erlösen: durch Resignation - Technik durch heroische Bejahung: durch Tat.

Ethik kehrt den Machtwillen des Geistes nach innen: sie will den Mikrokosmos erobern. - Technik kehrt den Machtwillen des Geistes nach außen: sie will den Makrokosmos erobern. Weder Ethik noch Technik allein kann den nordischen Menschen erlösen: denn eine darbende und frierende Menschheit kann durch Ethik weder gesättigt noch erwärmt werden, eine böse und begehrliche Menschheit durch Technik weder vor sich selbst geschützt noch befriedigt werden.

Was nützt den Menschen alle Sittlichkeit, wenn sie dabei verhungern und erfrieren? Und was nützt den Menschen aller technische Fortschritt, wenn sie ihn dazu mißbrauchen, einander zu schlachten und zu verstümmeln?

Kultur-Asien leidet mehr an Übervölkerung als an Frost: es konnte daher leichter auf Technik verzichten und sich seiner ethischen Entwicklung hingeben als Europa, wo

Ethik und Technik einander ergänzen müssen. -

III. ASIEN UND EUROPA

1. ASIEN UND EUROPA

Asiens Größe liegt in seiner Ethik - Europas Größe in seiner Technik. Asien ist der Lehrmeister der Welt in der Selbstbeherrschung. - Europa ist der Lehrmeister der Welt in der Naturbeherrschung. In Asien lag der Schwerpunkt der sozialen Frage in Übervölkerung - in Europa im Klima.

Asien mußte vor allem versuchen, ein friedliches Zusammenleben zwischen einer Überzahl von Menschen zu ermöglichen: das konnte es nur durch Erziehung des Menschen zur Selbstlosigkeit und Selbstbeherrschung, durch Ethik.

Europa mußte vor allem versuchen, die Schrecken des Hungers und der Kälte zu bannen, die seine Bewohner ständig bedrohten: das konnte es nur durch Arbeit und Erfindung, durch Technik. - Es gibt zwei Grundwerte des Lebens: Harmonie und Energie; auf sie sind alle übrigen Werte zurückzuführen.

Asiens Größe und Schönheit beruht auf Harmonie.

Europas Größe und Schönheit beruht auf Energie; Asien lebt im Raume: sein Geist ist beschaulich, in sich gekehrt, ruhig und geschlossen; es ist weiblich, pflanzenhaft, statisch, apollinisch, klassisch, idyllisch - Europa lebt in der Zeit: sein Geist ist tätig, nach außen gerichtet, bewegt und zielstrebig; es ist männlich, tierhaft, dynamisch, dionysisch, romantisch, heroisch.

Asiens Symbol ist das allumfassende Meer, der Kreis -

Europas Symbol ist der vorwärtsstrebende Strom, die Gerade. Hier enthüllt sich der tiefste Sinn des kosmischen Symboles Alpha und Omega. In der Zeichensprache vermittelt es uns jene mystische, immer wiederkehrende Polarität von Kraft und Form, von Zeit und Raum, von Mensch und Kosmos, die sich hinter der Seele Europas und Asiens verbirgt:

das große Omega, der Kreis. dessen weites Tor dem Kosmos zu offensteht - ist ein Sinnbild der göttlichen Harmonie Asiens; das große Alpha, ein nach oben weisender spitzer Winkel, der das Omega durchstößt - ist ein Sinnbild der menschlichen Aktivität und Zielstrebigkeit Europas, die mit der ewigen Ruhe Asiens bricht. A und Ω sind auch im Freudschen Sinne unverkennbare Symbole des männlichen und des weiblichen Geschlechtes: die Vereinigung dieser Zeichen bedeutet Zeugung und Leben und offenbart den ewigen Dualismus der Welt. Die gleiche Symbolik liegt wahrscheinlich auch den Ziffern 1 und 0 zugrunde: das endliche Eins als Protest gegen die unendliche Null - Ja gegen Nein. -

2. KULTUR UND KLIMA

Die Seele Asiens und Europas ist hervorgegangen aus dem asiatischen und europäischen Klima. Asiens Kulturzentren liegen in warmen - Europas Kulturzentren in kalten Gegenden. Das ergab ihre gegensätzliche Einstellung zur Natur: während sich der Südländer als Kind und Freund seiner freigebig spendenden Natur fühlen darf - ist der Nordländer gezwungen, in hartem Kampfe alles, was er zum Leben braucht, einem geizigen Boden abzuringen; so steht er vor der Wahl: entweder Herr oder Knecht der Natur zu werden - auf jeden Fall aber ihr Gegner.

Im Süden war die Auseinandersetzung zwischen Mensch und Natur friedlich-harmonisch - im Norden war sie kriegerisch-heroisch.

Europas Dynamik erklärt sich dadurch, daß es das nördliche Kulturzentrum der Erde ist. Seit zehntausenden von Jahren stellen Kälte und Kargheit des Bodens den Europäer vor die Wahl:

„Arbeite oder stirb!" Wer nicht arbeiten wollte oder konnte, musste verhungern oder erfrieren. Durch viele Geschlechter rottete der nordische Winter systematisch die schwachen, passiven, trägen und beschaulichen Europäer aus und züchtete so einen harten tätigen, heroischen Menschenschlag.

Seit prähistorischer Zeit ringt die weiße, länger noch die blonde Menschheit mit dem Winter, der sie gebleicht, zugleich aber gestählt hat. Dieser vorzeitlichen Abhärtung hat es der Europäer zu verdanken, daß er seine Gesundheit und Tatkraft durch all seine Kultursünden hindurch bis heute bewahrt hat.

Der weiße Mensch ist ein Sohn des Winters, der Sonnenferne: um die Kälte zu überwinden, mußte er Muskeln und Geist zu Höchstleistungen anspannen und selber neue Sonnen schaffen; mußte die ewig feindliche Natur überwinden, umschaffen, unterwerfen.

Unter diesem Zwang, zwischen Tat und Tod zu wählen, entstand am Nordrande jeder Kultur ihr stärkster, heroischster Typus: in Europa der Germane (Nor-manne), in Asien der Japaner, in Amerika der Azteke. - Die Hitze zwingt den Menschen, seine Aktivität auf ein Minimum zu beschränken - die Kälte zwingt ihn, seine Aktivität auf ein

Maximum zu steigern.

Stets hat der aktive, heroische Mensch des Nordens den passiven, harmonischen Süden besiegt und erobert: dafür hat dann der kultiviertere Süden den barbarischen Nordmenschen assimiliert und zivilisiert - bis er schließlich selbst durch einen neuen Norden erobert, barbarisiert und regeneriert wurde.

Die meisten kriegerischen Eroberungen in der Geschichte gehen von Nordvölkern aus und richten sich gegen den Süden - die meisten geistig - religiösen Störungen gehen von den Südvölkern aus und wenden sich gegen Norden.

Europa ist religiös von Juden, - militärisch von Germanen erobrert worden: in Asien siegten die Religionen Indiens und Arabiens: - während dessen politische Vormacht Japan ist.

Die aktiven Völker wärmerer Zonen (Araber. Türken, Tartaren, Mongolen) stammen aus Wüsten oder Steppen: hier war an Stelle des nordischen Winters die Dürre des Bodens ihr Zuchtmeister: aber auch hier vollzog sich zwangsläufig der Sieg des heroischen Menschen über den idyllischen, des aktiven über den passiven, des hungrigen über den satten. -

3. DIE DREI RELIGIONEN

Indiens Hitze, die jede Tätigkeit lähmt, schuf dessen beschauliche Mentalität; Europas Kälte, die zur Tätigkeit zwingt, schuf dessen aktive Mentalität; Chinas mittlere Temperatur, die einen harmonischen Wechsel von Tätigkeit und Beschaulichkeit verlangt, schuf dessen harmonische Mentalität.

Diese drei Temperaturen haben drei religiöse Grundtypen gezeugt den beschaulichen, heroischen und harmonischen Typus.

Die heroische Religion und Ethik des Nordens kommt zum Ausdruck in der Edda sowie in der Weltanschauung des europäischen und japanischen Rittertums, und erlebt ihre Auferstehung in der Lehre Nietzsches. Ihre höchsten Tugenden sind Tapferkeit und Tatkraft, ihr Ideal ist der Kampf und der Held: Siegfried. Die beschauliche Religion und Ethik des Südens findet ihre Vollendung im Buddhismus. Ihre höchsten Tugenden sind Entsagung und Milde, ihr Ideal ist der Friede und der Heilige: Buddha.

Die harmonische Religion und Ethik der Mitte entfaltete sich im Westen in Hellas, im Osten in China. Sie fordert weder die Askese des Kampfes noch der Entsagung. Sie ist optimistisch und diesseitig; ihr Ideal ist der edle Mensch: der Weise Konfuzius, der Künstler Apollon. Das griechische Ideal des apollinischen Menschen steht in der Mitte zwischen dem germanischen Helden Siegfried und dem indischen Heiligen Buddha.

Alle religiösen und ethischen Gebilde sind Kombinationen aus diesen drei Grundtypen. Jede Religion, die sich ausbreitet, muß sich diesen klimatischen Forderungen anpassen. So nähert sich das orientalische Christentum der Südreligion, das katholische der Mittelreligion, das protestantische der Nordreligion. Das gleiche gilt vom Buddhismus in Ceylon, China und Japan. - Das Christentum hat unserer Kultur die asiatischen Werte des Südens übermittelt; die Renaissance hat uns die antiken Werte der Mitte übermittelt: das Rittertum hat uns die germanischen Werte des Nordens übermittelt.

4. HARMONIE UND KRAFT

Europas Kulturwerte sind gemischt - sein Geist vorwiegend nordisch.

An Güte und Weisheit ist der Orientale dem Europäer überlegen - an Tatkraft und Klugheit steht er ihm nach.

Die europäische Ehre ist ein heroischer Wert - die orientalische Würde ein harmonischer. Dauernder Kampf härtet, dauernder Friede mildert das Herz. Darum ist der Orientale milder und sanfter als der Europäer. Dazu kommt, daß die soziale Vergangenheit der Inder, Chinesen, Japaner und Juden um ein vielfaches älter ist als die der Germanen, die noch vor 2000 Jahren in Anarchie lebten: so konnten die Asiaten ihre sozialen Tugenden besser und länger entwickeln als die Europäer.

Der Güte des Herzens entspricht die Weisheit des Geistes. Weisheit beruht auf Harmonie - Klugheit auf Schärfe des Geistes.

Auch Weisheit ist eine Frucht des reiferen Südens, die im Norden selten ist. Selbst die Philosophen Europas sind selten weise, seine Ethiker selten gütig. Noch die antike Kultur war reicher an weisen Männern, deren Gesamtpersönlichkeit den Stempel geklärter Geistigkeit trug - während dieser Typus im modernen Europa (unter Christen) beinahe ausgestorben ist. Auch das hängt mit der kulturellen Jugend der Germanen zusammen und mit der Leidenschaftlichkeit des europäischen Geistes. Dazu kommt, daß im christlichen Mittelalter die Klöster mitten in einer kriegerischen und tätigen Welt die einzigen Asyle waren für beschauliche Weisheit: dorthin zogen sich die Weisen zurück und starben, als Opfer des

Keuschheitsgelübdes, aus.

Die europäischen Christusbilder blicken ernst und traurig während die Buddhastatuen lächeln. Die Denker Europas sind tiefernst - während die Weisen Asiens lächeln: denn sie leben in Harmonie mit sich, der Gesellschaft und der Natur, nicht im Kampfe; beginnen jede Reform an sich, statt an anderen und wirken so mehr durch ihr Beispiel als durch Bücher. Jenseits des Denkens finden sie ihre Kindlichkeit wieder - während Europas Denker früh vergreisen.

Und dennoch ist Europa auf seine Art ebenso groß wie Asien: aber seine Größe liegt weder in der Güte noch in der Weisheit - sondern in der Tatkraft und im Erfindergeist.

Europa ist der Held der Erde; auf jeder Kampffront der Menschheit steht es an der Spitze der Völker: in Jagd, Krieg und Technik hat der Europäer mehr geleistet als irgendein historisches Kulturvolk vor oder neben ihm. Er hat fast alle gefährlichen Tiere in seinen Ländern ausgerottet; hat fast alle dunkelfarbigen Völker besiegt und unterworfen, und schließlich durch Erfindung und Arbeit, durch Wissenschaft und Technik eine solche Macht über die Natur errungen, wie nie und nirgends zuvor für möglich gehalten wurde. Asiens Weltmission ist die Erlösung der Menschheit durch Ethik - Europas Weltmission ist die Befreiung der Menschheit durch Technik.

Europas Symbol ist nicht der Weise, nicht der Heilige, nicht der Märtyrer - sondern der Held, der Kämpfer, Sieger und Befreier.

IV. EUROPAS TECHNISCHE WELTMISSION

1. DER EUROPAISCHE GEIST

Mit der Neuzeit beginnt die große Kulturmission Europas. Das Wesen Europas ist der Wille, die Welt durch Taten zu verändern und zu erbessern. Europa strebt bewußt aus der Gegenwart in die Zukunft; es befindet sich im Zustande ständiger Emanzipation, Reformation, Revolution; es ist neuerungssüchtig, skeptisch, pietätlos und ringt mit seinen Gewohnheiten und Traditionen.

In der jüdischen Mythologie entspricht der europäische Geist Luzifer - in der griechischen Prometheus: dem Lichtbringer, der den göttlichen Funken zur Erde trägt, der sich auflehnt gegen die himmlisch-asiatische Harmonie, gegen die göttliche Weltordnung, der Fürst dieser Erde, der Vater des Kampfes, der Technik, der Aufklärung und des Fortschrittes, der Führer des Menschen in seinem Ringen gegen die Natur.

Der Geist Europas hat den politischen Despotismus gebrochen, und die Gewaltherrschaft der Naturkräfte. Der Europäer ergibt sich nicht in sein Schicksal, sondern sucht es durch Tat und Geist zu meistern: als Aktivist und als Rationalist.

2. HELLAS ALS VOR - EUROPA

Hellas war der Vorläufer Europas; es empfand zuerst den Wesensunterschied zwischen sich und Asien und entdeckte seine aktivistisch-rationalistische Seele. Sein Olymp war nicht ein Paradies des Friedens - sondern eine Stätte des Kampfes; sein höchster Gott war ein pietätloser Rebell. Hellas stürzte seine Könige und Götter - und setzte an deren Stelle den Staat des Bürgers und die Religion des Menschen.

Diese europäische Periode Griechenlands begann mit dem Sturze der Tyrannen und schloß mit der asiatischen Despotie Alexanders und der Diadochen; fand eine kurze Fortsetzung im republikanischen Rom um sich dann endgültig an das römische Kaiserreich zu verlieren.

Alexander der Große, die hellenistischen Könige und römischen Kaiser waren Erben der asiatischen Idee des Großkönigtums. Das römische Kaiserreich unterschied sich in keiner wesentlichen Hinsicht von den orientalischen Despotien Chinas, Mesopotamiens, Indiens und Persiens.

Im Mittelalter war Europa eine geistige Kulturprovinz Asiens. Es war beherrscht von der asiatischen Religion Christi. Asiatisch war seine religiöse Kultur, seine mystische Grundstimmung, seine monarchische Staatsform und der Dualismus von Päpsten und Kaisern, Mönchen und Rittern.

Erst mit der Emanzipation Europas vom Christentum, die mit Renaissance und Reformation begann, in der Aufklärung ihre Fortsetzung und in Nietzsche ihren Höhepunkt fand - kam Europa wieder zu sich und trennte sich geistig von Asien.

Die europäische Kultur ist die Kultur der Neuzeit.

3. DIE TECHNISCHEN GRUNDLAGEN EUROPAS

Die Welt Philipps II. bedeutet in keiner wesentlichen Hinsicht einen Kulturfortschritt gegen über der Welt Hammurabis: Weder in der Kunst, noch in der Wissenschaft, noch in der Politik, noch in der Justiz, noch in der Verwaltung. In den dreieinhalb Jahrhunderten, die zwischen uns und Philipp liegen, hat sich die Welt gründlicher geändert als in den vorhergehenden dreieinhalb Jahrtausenden.

Es war die Technik, die Europa aus seinem asiatischen Dornröschenschlaf des Mittelalters weckte. Sie hat Rittertum und Feudalismus durch die Erfindung der Feuerwaffe - Papsttum und Aberglauben durch Erfindung des Buchdruckes besiegt; durch Kompaß und Schiffstechnik hat sie dem Europäer die fremden Weltteile erschlossen, die sie dann, mit Hilfe des Pulvers, erobert hat.

Der Fortschritt der modernen Wissenschaften ist von der Entwicklung der Technik nicht zu trennen: ohne Teleskop gäbe es keine moderne Astronomie, ohne Mikroskop keine Bakteriologie. Auch die moderne Kunst steht in engstem Zusammenhange mit der Technik: die moderne Instrumentalmusik, die moderne Architektur, das moderne Theater ruhen teilweise auf technischer Grundlage. Die Wirkung der Photographie auf die Porträtmalerei wird sich ebenfalls verstärken: denn, da die Photographie in der Reproduktion der Gesichtsformen unübertrefflich ist, wird sie die Malerei zwingen, sich auf ihr eigenstes Feld zurückzuziehen und das Wesen, die Seele des Menschen festzuhalten. - Eine ähnliche Wirkung wie die Photographie auf die Malerei könnte die Kinematographie auf das Theater ausüben.

Die moderne Strategie hat sich unter dem Einfluß der Technik gründlich geändert. Aus einer psychologischen Wissenschaft ist Kriegskunst vorwiegend zu einer technischen geworden. Die heutigen Kriegsmethoden unterscheiden sich von den mittelalterlichen wesentlicher als diese von der Kampfesweise der Naturvölker.

Die ganze Politik der Gegenwart steht im Zeichen der technischen Entwicklung: Demokratie, Nationalismus und Volksbildung lassen sich auf die Erfindung des Buchdruckes zurückführen: Industrialismus und kolonialer Imperialismus. Kapitalismus und Sozialismus sind Folgeerscheinungen des technischen Vortschrittes und der durch ihn bedingten Umstellung der Weltwirtschaft. Wie der Ackerbau eine patriarchalische, das Handwerk eine individualistische Mentalität schafft - so schafft die gemeinsame, organisierte Industiearbeit die sozialistische Mentalität: die technische Organisation der Arbeit spiegelt sich wieder in der sozialistischen organisation der Arbeiter.

Endlich hat der technische Fortschritt den Europäer selbst verändert: er ist hastiger, nervöser, unbeständiger, wacher, geistesgegenwärtiger, rationalistischer, tätiger, praktischer und klüger geworden.

Streichen wir all diese Folgeerscheinungen der Technik von unserer Kultur ab, so steht das, was übrig bleibt, in keiner Hinsicht höher als die alt-ägyptische und altbabylonische Kultur - in mancher Hinsicht sogar tiefer.

Der Technik also verdankt Europa seinen Vorsprung vor allen anderen Kulturen. Erst durch sie wurde es zum Herrn und Führer der Welt.

Europa ist eine Funktion der Technik. Amerika ist die

höchste Steigerung Europas.-

4. TECHNISCHE WELTWENDE

Das technische Zeitalter Europas ist ein weltgeschichtliches Ereignis, dessen Bedeutung mit der Erfindung der Feuerung in der menschlichen Urzeit zu vergleichen ist. Mit der Erfindung des Feuers begann die Geschichte der menschlichen Kultur, begann die Menschwerdung des Tiermenschen. Alle folgenden geistigen und materiellen Fortschritte der Menschheit bauen sich auf diese Entdeckung des Ur-Europäers Prometheus auf.

Die Technik bezeichnet einen ähnlichen Wendepunkt in der Menschheitsgeschichte wie das Feuer. In Zehntausenden von Jahren wird die Geschichte eingeteilt werden in eine vor - technische die und in eine nach - technische Epoche. Der Europäer, - der bis dahin längst ausgestorben sein wird - wird von jener künftigen Menschheit als Vater der technischen Weltwende wie ein Erlöser gepriesen werden.

Die Wirkungsmöglichkeiten des technischen Zeitalters, an dessen Beginn wir stehen, sind unübersehbar. Es schafft die materiellen Grundlagen für alle kommenden Kulturen, die sich durch ihre veränderte Basis wesentlich von allen bisherigen unterscheiden werden.

Alle bisherigen Kulturen, von der altägyptischen und chinesischen bis zu der des Mittelalters, waren einander in ihrem Ablauf und in ihrer Entfaltung so ähnlich, weil sie auf den gleichen technischen Voraussetzungen ruhten. Von der ägyptischen Frühzeit bis zum Ausgange des Mittelalters hat die Technik keinen wesentlichen Fortschritt zu verzeichnen.

Die Kultur, die aus dem technischen Zeitalter hervorgehen wird, wird ebenso hoch über der antiken und mittelalterlichen stehen - wie diese über den Kulturen der Steinzeit.

5. EUROPA ALS KULTURTANGENTE

Europa ist kein Kulturkreis - es ist eine Kulturtangente: die Tangente zum großen Kreislaufe der orientalischen Kulturen, die entstanden, blühten und vergingen, um an anderer Stelle verjüngt wieder aufzuerstehen.

Diesen Kulturkreislauf hat Europa gesprengt und in dessen Bahn eine Richtung getragen, die unbekannten Lebensformen entgegenführt.

Innerhalb der orientalischen Kulturen des Ostens und des Westens war alles schon dagewesen: die technische Kultur Europas aber ist etwas Niedagewesenes, etwas wahrhaft Neues.

Europa ist ein Übergang zwischen dem in sich geschlossenen Komplex aller bisherigen historischen Kulturen und den Kulturformen der Zukunft.

Ein Zeitalter, das dem europäischen an Bedeutung und Dynamik vergleichbar ist, dessen Spuren wir aber verloren haben, muß der altbabvlonischen, altchinesischen und altägyptischen Kultur vorausgegangen sein. Diese prähistorische Vor - Europa hat das Fundament geschaffen für alle Kulturen der letzten Jahrtausende; wie das moderne Europa war es eine Kulturtangente, die sich losgelöst hatte vom Kreislaufe der prähistorischen Vor-Kulturen.

Der Ablauf der großen Weltgeschichte setzt sich zusammen

aus asiatischen Kulturkreisläufen und europäischen Kulturtangenten. Ohne diese Tangenten (die nur im geistigen, nicht im geographischen Sinne europäisch sind) gäbe es nur Entfaltung, nicht Entwicklung. Nach einer langen Periode der Reife löst sich immer wieder ein geniales Volk aus dem Dunkel der Zeiten, sprengt den natürlichen Kulturablauf und hebt die Menschheit auf eine höhere Stufe.

Erfindungen, nicht Dichtungen oder Religionen, bezeichnen diesen Staten der Kulturentwichlung: die Erfindung der Bronze, des Eisens, der Elektrizität. Diese Erfindungen bilden das ewige Vermächtnis eines Zeitalters an alle kommenden Kulturen. Von der Antike wird nichts übrig bleiben - während die Neuzeit die Kultur bereichert durch die Bezwingung der Elektrizität und anderer Naturkräfte: diese Erfindungen werden den Faust überleben, die Göttliche Komödie und die Ilias.

Mit dem Mittelalter schloß der Kulturkreis des Eisens - mit der Neuzeit beginnt der Kulturkreis der Maschine: hier beginnt nicht eine neue Kultur - sondern ein neues Zeitalter.

Schöpfer dieses technischen Zeitalters ist das geniale Promethiden-Volk der germanisierten Europäer. Auf ihrem Erfindergeist beruht die moderne Kultur ebenso wie auf der Ethik der Juden, der Kunst der Hellenen und der Politik der Römer. -

6. LIONARDO UND BACON

Zu Beginn des technischen Zeitalters haben zwei große Europäer den Sinn Europas vorausgeahnt: Lionardo da Vinci und Bacon von Verulam. Lionardo widmete sich technischen Aufgaben mit der gleichen Leidenschaft wie künstlerischen. Sein Lieblingsproblem war der Menschenflug, dessen Lösung unsere Zeit staunend miterlebt hat.

In Indien soll es Joghis geben, die durch Ethik und Askese die Schwerkraft aufheben und in der Luft schweben können; in Europa bezwang der Erfindergeist von Ingenieuren und dessen Materialisation: das Flugzeug, die Schwerkraft auf technischem Wege. Levitation und Flugtechnik stellen symbolisch den asiatischen und europäischen Weg zur Macht und Freiheit des Menschen dar.

Bacon war der Schöpfer der kühnen technischen Utopie „Nova Atlantis". Ihr technischer Charakter unterscheidet sie wesentlich von allen vorhergehenden Utopien; von Platon bis Norus. Der Wandel des mittelalterlich-asiatischen Denkens in ein neuzeitlich-europäisches drückt sich aus in dem Gegensatz von Morusethisch-politischer „Utopia" und Bacons technisch- wissenschaftlicher „Nova Atlantis". Morus sieht noch in sozial - ethischen Reformen den Hebel der Weltverbesserung - Bacon in technischen Erfindungen.

Morus war noch Christ - Bacon schon Europäer.

V. JAGD - KRIEG - ARBEIT

1. MACHT UND FREIHEIT

Der beschauliche Mensch lebt im Frieden mit seiner Umwelt - der tätige in dauernden Kriegszustande. Um sich zu erhalten, durchzusetzen und zu entfalten muß er ständig fremde und feindliche Kräfte abwehren, vernichten, versklaven.

Der Lebenskampf ist ein Kampf um Freiheit und Macht. Siegen heißt: seinen Willen durchsetzen. Deshalb ist nur der Sieger frei, nur der Sieger mächtig. Zwischen Freiheit und Macht läßt sich keine Grenze ziehen: der Vollgenuss der eigenen Freiheit verletzt fremde Interessen: Macht ist die einzige Sicherung ungehemmter Freiheit.

Der Kampf der Menschheit um Freiheit fällt zusammen mit ihrem Kampfe um Macht. In dessen Verlauf hat sie den Erdball erobert und bezwungen: das Tierreich durch Jagd und Viehzucht - das Pflanzenreich durch Ackerbau - das Mineralreich durch Bergbau - die Naturkräfte durch Technik. Aus einem unscheinbaren, schwachen Tier hat sich der Mensch zum Herrn der Erde aufgeschwungen.

2. JAGD

Die erste Phase des menschlichen Kampfes war das Zeitalter der Jagd.

In hunderttausenden von Jahren währenden Kämpfen hat der Mensch die Herrschaft über die Tierwelt errungen. Dieser siegreiche Kampf des relativ schwachen Menschen gegen alle ausgerotteten und noch vorhandenen größeren und wilderen Tierarten ist in seiner Großartigkeit zu vergleichen mit der Eroberung der antiken Welt durch das kleine latinische Dorf Rom.

Der Mensch siegte über alle Hörner und Zähne, Pranken und Krallen seiner physisch besser gerüsteten Rivalen einzig durch die Waffe seines überlegenen Verstandes, der sich im Laufe dieses Kampfes ständig geschärft hat.

Die Ziele des menschlichen Kampfes gegen seine tierischen Feinde waren defensiv und offensiv: Abwehr und Versklavung.

Zuerst begnügte sich der Mensch damit, die feindlichen Tiere unschädlich zu machen durch Abwehr und Vertilgung; später begann er sie zu zähmen und sich ihrer zu bedienen. Er verwandelte Wölfe in Hunde, Büffel in Rinder, wilde Elefanten, Kamele, Renntiere, Esel, Pferde, Lamas, Ziegen, Schafe und Katzen in zahme. So unterwarf er sich aus der Schar vorzeitlicher Rivalen ein Heer von Tiersklaven, ein Arsenal von lebenden Maschinen, die in seinen Diensten arbeiteten und kämpften, seine Freiheit mehrten und seine Macht.

3. KRIEG

Um die errungene Macht zu behaupten und zu mehren, ging der Mensch dazu über, seine Mitmenschen mit den gleichen Methoden zu bekämpfen wie die Tierwelt. Das Zeitalter der Jagd wandelte sich in ein Zeitalter des Krieges. Der Mensch rang mit dem Menschen um die Verteilung der von der Tierwelt eroberten Erde. Der Stärkere wehrte den Schwächeren ab, vertilgte oder versklavten: Krieg war eine Spezialform der Jagd, Sklaverei eine Spezialform der

Tierhaltung. Im Kampfe um Macht und Freiheit siegte der stärkere, kühnere und klügere Mensch über den schwächeren, feigeren, dümmeren. Auch der Krieg schärfte den Menschengeist, stählte die Menschenkraft. -

4. ARBEIT

Auf die Dauer konnten weder Jagd noch Krieg allein den Menschen ernähren: er mußte wieder einen Frontwechsel vornehmen, und den Kampf aufnehmen gegen die leblose Natur. Das Zeitalter der Arbeit begann. Noch brachten Kriege und Jagdabenteuer Ruhm und Sensationen - aber der Schwerpunkt des Lebens verschob sich nach der Arbeit, weil nur sie ihm die Nahrung brachte, deren es zu seiner Erhaltung bedurfte.

Die Arbeit war eine Spezialform des Krieges - die Technik eine Spezialform der Sklaverei: statt Menschen wurden Naturkräfte besiegt und versklavt.

Durch Arbeit bekämpfte der Mensch den Hunger: er unterwarf sich den Boden und die Feldfrüchte und erntete ihren Ertrag. Durch Arbeit bekämpfte der Mensch die Winterkälte: er baute Häuser, wob Stoffe, fällte Holz. So schützte er sich durch Arbeit vor den feindlichen Naturgewalten.

5. DER KRIEG ALS ANACHITONISMUS

Jagd, Krieg, Arbeit gingen so vielfach in einander über, daß es unmöglich ist, sie chronologisch von einander zu trennen. Früher lief das Zeitalter der Jagd durch Jahrtausende parallel mit dem des Krieges - wie heute das Zeitalter des Krieges parallel läuft mit dem der Arbeit; aber der Schwerpunkt der Kampffront verschob und verschiebt sich beständig. Während ursprünglich die Jagd im Mittelpunkte menschlicher Tätigkeit stand, trat in der Folge der Krieg an ihre Stelle und zuletzt die Arbeit.

Der Krieg, der einst für den Kulturfortschritt wesentlich und notwendig war, hat diese Bedeutung verloren und ist zu einem gefährlichen Kulturschädling geworden. Heute bezeichnen nicht Kriege die Etappen des Fortschrittes - sondern Erfindungen.

Die Entscheidungskämpfe der Menschheit um Freiheit und Macht spielen sich heute an der Front der Arbeit ab.

In einer Zeit, da der Weltkrieg nur mehr Historiker interessieren wird, wird unsere Jahrhundertwende ruhmvoll dastehen als Geburtsstunde des Menschenfluges.

Wie im Zeitalter des Krieges sich die Jagd als Anachronismus erhielt - so erhält sich im Zeitalter der Arbeit der Krieg als Anachronismus. Aber in dieser Epoche ist jeder Krieg Bürgerkrieg, weil er sich gegen Mitkämpfer richtet und die gemeinsame Arbeitsfront verwirrt.

Im Zeitalter der Arbeit ist die Verherrlichung des Kriges ebenso unzeitgemäß, wie in der Kriegsepoche die Verherrlichung der Jagd. Ursprünglich war der Drachen- und Löwentöter der Held; dann war es der Feldherr; schließlich ist es der Erfinder. Lavoisier hat für die menschliche Entwicklung mehr geleistet, als Robespierre und Bonaparte zusammen.

Wie in der Jagdepoche der Jäger herrschte, in der Kriegsepoche der Krieger - so wird im Zeitalter der Arbeit der Arbeiter herrschen.

6. TECHNIK

Das Zeitalter der Arbeit zerfällt in das des Ackerbaues und der Technik.

Als Ackerbauer ist der Mensch der Natur gegenüber vorwiegend defensiv - als Techniker offensiv.

Die Methoden der Arbeit entsprechen denen des Krieges und der Jagd: Abwehr und Versklavung. Die Epoche des Ackerbaues beschränkt sich darauf, Hunger und Kälte abzuwehren - während die Technik dazu übergeht, die ehemals feindlichen Naturkräfte zu versklaven. Der Mensch herrscht heute über Dampf und Elektrizität und über ein Sklavenheer von Maschinen. Mit ihnen wehrt er sich nicht nur gegen Hunger und Kälte, Naturkatastrophen und Krankheiten - sondern unternimmt es sogar, gegen die Schranken von Raum, Zeit und Schwerkraft anzugehen. Sein Kampf um Freiheit von den Naturkräften geht über in ein Ringen um Macht über die Naturkräfte.

Technik ist praktische Anwendung der Wissenschaft zur Beherrschung der Natur; zur Technik im weiteren Sinne gehört auch Chemie als Atom-Technik und Medizin als organische Technik.

Technik vergeistigt die Arbeit: dadurch mindert sie die Arbeitslast und steigert sie den Arbeitsertrag.

Technik beruht auf heroischer, aktivistisher Einstellung zur Natur; sie will sich nicht dem Willen der Naturkräfte fügen, sondern ihn beherrschen. Der Wille zur Macht ist die Triebfeder des technischen Fortschrittes. In den Naturkräften sieht der Techniker Zwingherrn, die zu stürzen, Gegner, die zu besiegen, Bestien, die zu zähmen sind. - Die Technik ist ein Kind des europäischen Geistes. -

VI. DER FELDZUG DER TECHNIK

1. EUROPAS MASSEELEND

Durch die Bevölkerungzunahme wird die Lage des Europäers immer verzweifelter; trotz aller bisherigen Fortschritte der Technik befindet er sich noch in einem recht erbärmlichen Zustande. Die Gespenster des Hungers und des Erfrierens hat er zurückgedrängt - aber um den Preis seiner Freiheit und seiner Muße.

Die furchtbare Zwangsarbeit beginnt für den Europäer im siebenten Lebensjahr mit dem Schulzwange und endet gewöhnlich erst mit dem Tode. Seine Kindheit wird vergiftet durch die Vorbereitung zum Lebenskampfe, der in den folgenden Jahrzehnten seine ganze Zeit und Persönlichkeit, seine Lebenskraft und Lebensfreude verschlingt. Auf Muße steht Todesstrafe; der vermögenslose Durchschnittseuropäer steht vor der Wahl: entweder bis zur Erschöpfung zu arbeiten oder samt seinen Kindern zu verhungern. Die Hungerpeitsche treibt ihn an, trotz Erschöpfung, Ekel und Erbitterung weiterzuarbeiten.

Die europäischen Völker haben zwei politische Versuche unternommen, diesen erbärmlichen Zustand zu verbessern: Kolonialpolitik und Sozialismus. -

2. KOLONIALPOLITIK

Die erste Form der Kolonialpolitik besteht in der Eroberung und Besiedelung dünnbevölkerter Erdstriche durch Nationen, die an Übervölkerung leiden. Die Auswanderung ist tatsächlich imstande, Länder vor Übervölkerung zu retten und Menschen, denen das europäische Gedränge unerträglich wird, ein freies und menschenwürdiges Dasein zu sichern. Die Auswanderung bietet noch vielen Menschenmillionen einen Ausweg aus der europäischen Hölle und sollte daher auf jede Weise gefördert werden. -

Die zweite Form der Kolonialpolitik beruht auf Ausbeutung wärmerer Erdstriche und farbiger Völker. Menschen südlicher Rassen werden durch europäische Kanonen und Gewehre aus ihrer goldenen Muße aufgescheucht und gezwungen, im Dienste Europas zu arbeiten. Der ärmere, aber stärkere Norden plündert systematisch den reicheren aber schwächeren Süden; er raubt ihm Reichtum, Freiheit und Muße und verwendet diesen Raub zur Mehrung des eigenen Reichtums, der eigenen Freiheit und der eigenen Muße.

Diesem Hilfsmittel des Raubes, der Ausbeutung und der Sklaverei haben einige europäische Völker einen Teil ihres Wohlstandes zu verdanken, der sie in die Lage versetzt, das Los ihrer einheimischen Arbeiter zu verbessern. -

Auf die Dauer muß dieses Hilfsmittel versagen: denn seine unausbleibliche Folge ist ein ungeheurer Sklavenaufstand, der die Europäer aus den farbigen Kolonien wegfegen und damit Europas tropische Kulturbasis stürzen wird. -

Auch die Auswanderung ist nur ein provisorisches Hilfsmittel: heute schon sind einige Kolonien ebenso dichtgedrängt wie ihre Mutterländer und nähren das gleiche Elend. Die Zeit muß kommen, da es keine menschenleeren Gebiete auf Erden mehr geben wird.

Bis dahin müssen neue Mittel gefunden werden, um dem europäischen Verhängnis entgegenzutreten. -

3. SOZIALPOLITIK

Den zweiten Versuch, das europäische Massenelend zu lindern, unternimmt der Sozialismus.

Der Sozialismus will die europäische Hölle bannen durch gleichmäßige Verteilung der Arbeitslast und des Arbeitsertrages. Es unterliegt keinem Zweifel, daß sich das Los der europäischen Massen durch vernünftige Reformen wesentlich verbessern ließe. Wenn aber der soziale Fortschritt nicht getragen wird durch einen Aufschwung der Technik, kann er das soziale Elend nur lindern, nicht beheben.

Denn die Arbeitslast, die zur Fütterung und Wärmung der vielzuvielen Europäer nötig ist, ist groß; der Arbeitsertrag, den das rauhe und nicht genügend fruchtbare Europa auch bei intensivster Ausnützung abwirft, relativ klein, so daß auch bei gerechtester Verteilung auf jeden Europäer sehr viel Arbeit und sehr wenig Lohn fiele. Beim heutigen Stande der Technik würde sich das Leben in einem sozialistischen Europa in die Doppeltätigkeit auflösen: arbeiten um zu essen und essen um zu arbeiten. Das Gleichheitsideal wäre erreicht: aber von Freiheit, Muße und Kultur wäre Europa ferner denn je. Um die Menschen zu befreien, ist Europa einerseits zu barbarisch, andererseits zu arm. Das Vermögen der wenigen Reichen, auf alle verteilt, würde spurlos verschwinden: die Armut wäre nicht abgeschafft, sondern verallgemeinert.

Der Sozialismus ist allein nicht imstande, Europa aus seiner Unfreiheit und seinem Elend zu Freiheit und Wohlstand zu führen. Weder Stimmzettel noch Aktien könnten den Kohlenarbeiter dafür entschädigen, daß er sein Leben in Höhlen und Schächten verbringen muß. Die meisten

Sklaven orientalischer Despoten sind freier als dieser freie Arbeiter eines sozialisierten Werkes.

Der Sozialismus verkennt das europäische Problem, wenn er in der ungerechten Verteilung das Grundübel der europäischen Wirtschaft sieht, statt in der ungenügenden Produktion. Die Wurzel des europäischen Elends liegt in der Notwendigkeit der Zwangsarbeit nicht in der Ungerechtigkeit ihrer Verteilung. Der Sozialismus irrt, wenn er im Kapitalismus die letzte Ursache der furchtbaren Zwangsarbeit sieht, unter der Europa stöhnt; denn in Wahrheit fließt nur ein sehr geringer Teil der europäischen Arbeitsleistung den Kapitalisten und ihrem Luxus zu: der allergrößte Teil dieser Arbeit dient dazu, einen unfruchtbaren Weltteil in einen fruchtbaren zu verwandeln, einen kalten in einen warmen und auf ihm eine Menschenzahl zu erhalten, die er auf natürlichem Wege nicht ernähren könnte.

Der Winter und die Übervölkerung Europas sind härtere und grausamere Despoten, als sämtliche Kapitalisten: aber nicht die Politiker führen die europäische Revolution gegen diese unbarmherzigen Zwingherrn - sondern die Erfinder. -

4. TECHNISCHE WELTREVOLUTION

Der koloniale Imperialismus ebenso wie der Sozialismus sind Palliative, nicht Heilmittel der europäischen Krankheit; sie können die Not lindern, nicht bannen; die Katastrophe aufschieben, nicht verhüten. Europa wird sich entscheiden müssen, entweder seine Bevölkerung zu dezimieren und Selbstmord zu begehen - oder durch großzügige Steigerung der Produktion und Vervollkomnung der Technik zu genesen. Denn nur dieser Weg kann die Europäer zu Wohlstand, Muße und Kultur führen, während die sozialen und kolonialen Rettungswege schließlich in Sackgassen münden.

Europa muß sich darüber klar sein, daß der technische Fortschritt ein Befreiungskrieg allergrößten Stiles ist gegen den härtesten, grausamsten und unbarmherzigsten Tyrannen: die nordische Natur.

Von dem Ausgange dieser technischen Weltrevolution hängt es ab, ob die Menschheit die sich einmal in Äonen bietende Gelegenheit: Herrin über die Natur zu werden - nützt, oder ob sie diese Gelegenheit, vielleicht für immer, ungenützt vorüber gehen läßt.

Vor hundert Jahren etwa eröffnete Europa die Offensive gegen die übermächtige Natur, gegen die es sich bis dahin nur verteidigt hatte. Es begnügte sich nicht mehr damit, von der Gnade der Naturgewalten zu leben: sondern es begann, seine Feinde zu versklaven.

Die Technik hat begonnen, das Sklavenheer der Haustiere zu ergänzen und das Sklavenheer der Schwerarbeiter zu ersetzen durch Maschinen, die betrieben werden von Naturkräften. -

5. DIE ARMEE DER TECHNIK

Europa (und mit ihm Amerika) hat zu diesem größten und folgenschwersten aller Kriege den Erdball mobilisiert.

Die Fronttruppen des weltumspannenden Arbeitsheeres, das gegen die Willkür der Naturkräfte kämpft, sind die Industriearbeiter; ihre Offiziere, Ingenieure, Unternehmer, Direktoren, ihren Generalstab bilden die Erfinder, ihren Train Bauern und Landarbeiter, ihre Artillerie die

Maschinen, ihre Schützengräben Bergwerke, ihre Forts Fabriken.

Mit dieser Armee, deren Reserven er allen Weltteilen entnimmt, hofft der weiße Mensch die Tyrannis der Natur zu brechen, ihre Kräfte dem Menschengeiste zu unterwerfen und so den Menschen endgültig zu befreien.

6. DER ELEKTRISCHE SIEG

Die technische Armee hat ihren ersten entscheidenden Sieg davongetragen über einen der ältesten Widersacher des Menschengeschlechtes: den Blitz.

Seit jeher hat der elektrische Funke als Blitz den Menschen bedroht, verwundet, getötet; hat seine Häuser verbrannt und sein Vieh erschlagen. Diesem tückischen Feinde, der ihm nie in irgend einer Weise half, war der Mensch durch hunderttausende von Jahren preisgegeben: bis Benjamin Franklin durch Erfindung des Blitzableiters seine Schreckensherrschaft über den Menschen brach.

Der elektrische Funke als Geißel der Menschheit war damit abgewehrt. Aber der weiße Mensch begnügte sich nicht mit diesem Abwehrsiege: er ging zur Offensive über und erreichte es, in einem Jahrhundert diesen Feind in einen Sklaven, dieses gefährlichste Raubtier in sein nützlichstes Haustier zu verwandeln.

Heute beleuchtet der elektrische Funke, der einst unsere Vorväter mit Entsetzen erfüllt hat, unsere Zimmer, kocht unseren Tee, bügelt unsere Wäsche, heizt unsere Zimmer, läutet unsere Glocken, befördert unsere Briefe (Telegramme), zieht Bahnen und Wagen, treibt Maschinen - ist also, mit einem Worte, unser Bote, Briefträger,

Dienstmann, Koch, Heizer, Beleuchter, Arbeiter, Lastträger und sogar unser Henker geworden. Was heute der elektrische Funke in Europa und Amerika im Dienste des Menschen leistet, wäre selbst durch Verdoppelung der menschlichen Arbeitszeit nicht entfernt zu ersetzen.

So wie diese ehemals feindliche Naturkraft nicht nur zurückgeschlagen wurde, sondern sich in den unentbehrlichsten und nützlichsten Diener des Menschen verwandelt hat - so werden dereinst auch die Fluten des Meeres und die Gluten der Sonne, Stürme und Überschwemmungen aus Feinden zu Sklaven des Menschen werden. Aus Giften werden Heilmittel, aus tödlichen Bazillen Schutzimpfungen. Wie der Mensch der Urzeit wilde Tiere gezähmt und unterworfen hat - so zähmt und unterwirft der Mensch der Neuzeit wilde Naturkräfte.

Durch solche Siege wird sich der nordische Mensch einst Freiheit, Muße und Kultur erobern: nicht durch Entvölkerung oder Entsagung, nicht durch Krieg und Revolution - sondern durch Erfindung und Arbeit, durch Geist und Tat. -

7. DER ERFINDER ALS ERLÖSER

In unserer europäischen Geschichtsepoche ist der Erfinder ein größerer Wohltäter der Menschheit als der Heilige.

Der Erfinder des Automobils hat mehr Gutes für die Pferde getan und ihnen mehr Leiden erspart als sämtliche Tierschutzvereine der Welt.

Das Kleinauto ist im Begriffe, Tausende von ostasiatischen Kulis aus ihrem Zugtierdasein zu erlösen.

Die Erfinder des Diphterie - und Blatternserums haben mehr Kindern das Leben gerettet, als alle Säuglingsheime.

Die Galeerensklaven verdanken der neuzeitlichen Schiffstechnik ihre Befreiung, während durch die Einführung der Petroleumfeuerung die moderne Technik die Schiffsheizer aus ihrem Höllenberufe zu erlösen beginnt.

Der Erfinder, der, etwa durch Atomzertrümmerung, einen praktischen Kohlenersatz schafft - wird für die Menschheit mehr geleistet haben als der erfolgreichste soziale Reformator: denn er wird die Millionen Kohlenarbeiter aus ihrem menschenunwürdigen Dasein erlösen und einen großen Teil der menschlichen Arbeitslast tilgen - während heute kein kommunistischer Diktator es vermeiden könnte, Menschen zu jenem unterirdischen Grubenleben zu verurteilen.

Der Chemiker, dem es gelingt, Holz genießbar zu machen, würde die Menschheit aus dem Sklavenjoche des Hungers befreien, das sie länger und grausamer drückt als jede menschliche Gewaltherrschaft.

Weder Ethik, noch Kunst, noch Religion, noch Politik werden den paradiesischen Fluch tilgen, - sondern Technik. Der organischen Technik, der Medizin, ist es vorbehalten, den Erbfluch der Frau zu bannen: „Du sollst unter Schmerzen Deine Kinder gebären"; der anorganischen Technik ist es vorbehalten, den Erbfluch des Mannes zu bannen: „Im Schweiße Deines Angesichtes sollst Du Dein Brot essen".

In vieler Hinsicht gleicht unser Zeitarter dem Beginn der römischen Kaiserzeit. Damals hoffte die Welt auf Erlösung durch das Friedensreich der pax romana. Die erhoffte Weltwende kam - aber von ganz anderer Seite: nicht von außen - sondern von innen; nicht durch Politik - sondern durch Religion; nicht durch Cäsar Augustus - sondern durch Jesus Christus.

Auch wir stehen vor einer Weltwende; die Menschheit erwartet heute von der sozialistischen Aera den Anbruch des goldenen Zeitalters. Die erhoffte Weltwende wird, vielleicht, kommen: aber nicht durch Politik - sondern durch Technik: nicht durch einen Revolutionär - sondern durch einen Erfinder: nicht durch Lenin - sondern durch einen Mann, der vielleicht heute schon irgendwo namenlos lebt und dem es eines Tages gelingen wird, durch Erschließung neuer, ungeahnter Energiequellen die Menschheit aus Hunger, Frost und Zwangsarbeit zu erlösen.

VII. ENDZIEL DER TECHNIK

1. KULTUR UND SKLAVEREI

Jede bisherige Kultur war auf Sklaverei gegründet: die Antike auf Sklaven, die mittelalterliche auf Leibeigene, die neuzeitliche auf Proletarier.

Die Bedeutung der Sklaven beruht darauf, daß sie durch ihre Unfreiheit und Mehrarbeit Raum schaffen für die Freiheit und Musse einer Herrenkaste, die Vorbedingung jeder Kulturbildung ist. Denn es ist nicht möglich, daß die gleichen Menschen die ungeheuere physische Arbeit leisten, die zur Ernährung, Kleidung und Behausung ihrer Generation erforderlich - und zugleich die ungeheure Geistesarbeit, die zur Schaffung und Erhaltung einer Kultur nötig ist.

Überall herrscht Arbeitsteilung: damit das Gehirn denken kann, müssen die Eingeweide verdauen; ohne daß ihre Wurzeln in der Erde wühlen, kann keine Pflanze zum Himmel blühen. Träger jeder Kultur sind entfaltete Menschen. Entfaltung ist unmöglich ohne eine Atmosphäre von Freiheit und Muße: auch das Gestein kann nur in flüssigem, freiem Zustande auskristallisieren; wo es eingeschlossen, unfrei ist, muß es amorph bleiben.

Die Kultur bildende Freiheit und Muße weniger konnte nur geschaffen werden durch Knechtschaft und Überarbeitung vieler. In nördlichen und übervölkerten Strichen war das göttliche Dasein von Tausenden immer und überall aufgebaut auf einem tierischen Dasein von Hunderttausenden.

Die Neuzeit mit ihren christlichen, sozialen Ideen stand vor der Alternative: entweder auf Kultur zu verzichten - oder die Sklaverei beizubehalten. Gegen die erste Eventualität sprachen ästhetische - gegen die zweite ethische Bedenken: die erste widerstrebte dem Geschmack, die zweite dem Gefühl.

Westeuropa entschied sich für die zweite Lösung: um den Rest seiner bürgerlichen Kultur zu erhalten, behielt es im Industrieproletariate in verkappter Form die Sklaverei bei - während Rußland sich anschickt, zur ersten Lösung zu greifen: es befreit seine Proletarier, bringt aber dieser Sklavenbefreiung seine ganze Kultur zum Opfer.

Beide Lösungen sind in ihrer Konsequenz unerträglich. Der Menschengeist muß nach einem Ausweg aus diesem Dilemma suchen: er findet ihn in der Technik. Sie allein kann zugleich die Sklaverei brechen und die Kultur retten.

2. DIE MASCHINE

Endziel der Technik ist: Ersatz der Sklavenarbeit durch Maschinenarbeit; Erhebung der Gesamtmenschheit zu einer Herrenkaste, in deren Dienst ein Heer von Naturkräften in Maschinengestalt arbeitet.

Wir befinden uns auf dem Wege zu diesem Ziele: früher mußten fast alle technischen Energien von Menschen- oder Tiermuskeln erzeugt werden - heute werden sie vielfach durch Dampfkraft, Elektrizität und Motorkraft ersetzt. Immer mehr fällt dem Menschen die Rolle eines Regulators von Energien zu - statt der eines Erzeugers. Gestern noch zog der Arbeiter als Kuli die Kultur vorwärts - morgen wird er deren Chauffeur sein, der beobachtet, denkt und lenkt, statt zu laufen und zu schwitzen.

Die Maschine ist die Befreiung des Menschen aus dem Joche der Sklavenarbeit. Durch sie kann ein Hirn mehr Arbeit leisten und mehr Werte schaffen als Millionen Arme. Die Maschine ist materialisierter Menschengeist, gefrorene Mathematik, das dankbare Geschöpf des Menschen, gezeugt aus der Geisteskraft des Erfinders, geboren aus der Muskelkraft der Arbeiter.

Die Maschine hat eine doppelte Aufgabe: die Produktion zu mehren und die Arbeit zu vermindern und zu erleichtern.

Durch Mehrung der Produktion wird die Maschine die Not brechen - durch Minderung der Arbeit die Sklaverei.

Heute darf der Arbeiter nur zum geringsten Teile Mensch sein - weil er zum größten Teile Maschine sein muß: in der Zukunft wird die Maschine das Maschinelle, das Mechanische der Arbeit übernehmen und dem Menschen das Menschliche, das Organische überlassen. So eröffnet die Maschine die Aussicht auf Vergeistigung und Individualisierung der menschlichen Arbeit: ihre freie und schöpferische Komponente wird wachsen gegenüber der automatisch-mechanischen - die geistige gegenüber der materiellen. Dann erst wird die Arbeit aufhören, den Menschen zu entpersönlichen, zu mechanisieren, zu entwürdigen; dann erst wird die Arbeit dem Spiel, dem Sport und der freien schöpferischen Tätigkeit ähnlich werden. Sie wird nicht, wie heute, eine Geisel sein, die alles Menschliche unterdrückt - sondern ein Hilfsmittel gegen Langeweile, eine Zerstreuung und eine körperliche oder geistige Übung zur Entfaltung aller Fähigkeiten. Diese Arbeit, die der Mensch als Hirn seiner Maschine leisten wird und die auf Herrschaft gegründet ist, wird anregen statt abzustumpfen, erheben statt herabzudrücken. -

3. ABBAU DER GROSSTADT

Neben diesen beiden Aufgaben: Linderung der Not durch Steigerung der Produktion und Abbau der Sklaverei durch Minderung und Individualisierung der Arbeit - hat die Maschine noch eine dritte Kulturmission: die Auflösung der modernen Großstadt und die Zurückführung des Menschen in die Natur.

Der Ursprung der modernen Großstadt fällt in eine Zeit, da das Pferd das schnellste Verkehrsmittel war und es noch keine Telephone gab. Damals war es notwendig, daß die Menschen in nächster Nähe ihrer Arbeitsstätten und infolgedessen auf einen engen Raum zusammengepfercht lebten.

Die Technik hat diese Voraussetzungen geändert: Schnellbahn, Auto, Fahrrad und Telephon erlauben es heute dem Arbeiter, viele Kilometer von seinem Bureau entfernt zu Wohnen. Für den Bau und die Anhäufung von Zinskasernen besteht keine Notwendigkeit mehr. Künftig werden die Menschen die Möglichkeit haben, nebeneinander zu wohnen statt übereinander, in Gärten gesunde Luft zu atmen, und in hellen geräumigen Zimmern ein gesundes, reinliches, menschenwürdiges Leben zu führen. Elektrische und Gasöfen werden (ohne die Mühe des Heizens und der Beschaffung des Brennmateriales) vor der Winterkälte schützen, elektrische Lampen vor den langen Winternächten. Der Menschengeist wird über den Winter triumphieren und die nördliche Zone ebenso wohnlich machen, wie die gemäßigte.

Die Entwicklung zur Gartenstadt hat bereits begonnen: die Reichen verlassen die Zentren der Großstädte, die sie früher bewohnten, und siedeln sich an deren Peripherie oder in deren Umgebung an. Die neuentstehenden Industriestädte dehnen sich in die Weite statt in die Höhe. - Auf höherer Ebene werden die Städte der Zukunft in der Anlage etwas Ahnlichkeit haben mit denen des Mittelalters: wie dort um einen riesigen Dom die niedrigen Bürgerhäuschen gruppiert waren - so werden einst um einen riesigen Wolkenkratzer (der alle öffentlichen und privaten Bureaus umfassen und Waren und Speisehaus sein wird) sich die niedrigen Häuser und weiten Gärten der Gartenstadt ausdehnen. In Fabriksstädten wird die Fabrik jene zentrale Kathedrale der Arbeit sein: die Andacht des Menschen in diesen Kathedralen der Zukunft wird Arbeit für die Gemeinschaft sein.

Wer nicht beruflich an die Stadt gefesselt sein wird, wird auf dem Lande leben, das durch Fernleitungen und drahtlose Verbindungen an den Bequemlichkeiten, Tätigkeiten und Zerstreuungen der Städte teilnehmen wird.

Es wird eine Zeit kommen, in der die Menschen nicht mehr verstehen werden, wie es einmal möglich war, in den Steinlabyrinthen zu leben, die wir heute als moderne Großstädte kennen. Ihre Ruinen werden dann bestaunt werden, wie heute die Behausungen der Höhlenbewohner. Die Ärzte werden sich die Köpfe zerbrechen, wie es vom hygienischen Standpunkte überhaupt möglich war, daß Menschen in solcher Abgeschlossenheit der Natur, Freiheit, Licht und Luft, in einer solchen Atmosphäre von Ruß, Rauch, Staub und Schmutz überhaupt leben und gedeihen konnten.

Der kommende Abbau der Großstadt als Folge des Aufschwunges der Verkehrstechnik, ist eine notwendig Voraussetzung wirklicher Kultur. Denn in der unnatürlichen und ungesunden Atmosphäre der heutigen

Großstadt werden die Menschen systematisch an Leib, Seele und Geist vergiftet und verkrüppelt. Die Großstadtkultur ist eine Sumpfpflanze: denn sie wird getragen von degenerierten, krankhaften und dekadenten Menschen, die freiwillig oder unfreiwillig in diese Sackgassen des Lebens geraten sind. -

4. DAS KULTURPARADIES DES MIILLIONÄRS

Die Technik ist in der Lage, dem modernen Menschen mehr Glücks- und Entfaltungsmöglichkeiten zu bieten als vergangene Zeiten ihren Fürsten und Königen.

Freilich ist heute noch, zu Beginn der technischen Weltperiode, die Zahl derjenigen, denen die Erfindungen der Neuzeit unbeschränkt zur Verfügung stehen, gering.

Ein moderner Dollarmillionär kann sich mit allem Luxus, allem Komfort, aller Kunst und aller Schönheit umgeben, die die Erde bietet. Er kann alle Früchte der Natur und Kultur genießen, kann, ohne zu arbeiten, leben, wo und wie es ihm gefällt. Durch Telephon und Auto kann er nach Wahl mit der Welt verbunden oder von ihr geschieden sein; er kann als Einsiedler in der Großstadt leben oder in Gesellschaft auf seinem Landsitz; braucht weder unter dem Klima zu leiden noch unter der Übervölkerung; Hunger und Frost sind ihm fremd; durch seine Aeroplane ist er Herr der Luft, durch seine Jacht Herr der Meere. In vieler Hinsicht ist er freier und mächtiger als Napoleon und Cäsar. Sie konnten nur Menschen beherrschen - aber nicht über Ozeane fliegen und über Kontinente sprechen. Er hingegen ist Herr der Natur. Naturkräfte bedienen ihn als unsichtbare, mächtige Diener und Geister. Mit ihrer Hilfe kann er schneller und höher fliegen als ein Vogel, schneller über die Erde rasen als eine Gazelle und unter Wasser leben wie ein Fisch. Durch diese Fähigkeiten und Gewalten ist er freier sogar als der Eingeborene der Südsee und hat den paradiesischen Fluch überwunden. Auf dem Umwege über die Kultur ist er in ein vollkommeneres Paradies heimgekehrt.

Die Grundlage zu so vollkommenem Leben hat die Technik geschaffen. Für einige Auserwählte hat sie aus den nordischen Urwäldern und Sümpfen Kulturparadiese gemacht. In diesen Glückskindern kann der Mensch ein Versprechen des Schicksals an seine Kindeskinder sehen. Sie sind die Vorhut der Menschheit auf ihrem Wege in das Eden der Zukunft. Was heute Ausnahme ist, kann, bei weiterem technischen Fortschritte, Regel werden. Die Technik hat die Tore des Paradieses gesprengt; durch den schmalen Eingang sind bisher nur wenige geschritten: aber der Weg steht offen und durch Fleiß und Geist kann einst die ganze Menschheit jenen Glückskindern folgen. Der Mensch braucht nicht zu verzweifeln: niemals war er seinem Ziele so nahe wie heute.

Vor wenigen Jahrhunderten war der Besitz eines Glasfensters, eines Spiegels, einer Uhr, von Seife oder Zucker ein großer Luxus: die technische Produktion hat diese einst seltenen Güter über die Massen verstreut. Wie heute jedermann eine Uhr trägt und einen Spiegel besitzt - so könnte vielleicht in einem Jahrhundert jeder Mensch ein Auto, seine Villa und sein Telephon haben. Der Wohlstand muß umso schneller steigen und umso allgemeiner werden, je rascher die Produktionsziffern steigen im Verhältnis zu den Bevölkerungsziffern. Es ist das Kulturziel der Technik einst allen Menschen die Lebensmöglichkeiten zu bieten, über die heute jene Millionäre verfügen. Deshalb kämpft die Technik gegen die Not - nicht gegen den Reichtum; gegen Knechtschaft - nicht gegen Herrschaft. Ihr Ziel ist Verallgemeinerung des Reichtums, der Macht, der Muße, der Schönheit und des Glückes: nicht Proletarisierung, sondern Aristokratisierung der Menschheit

VIII. DER GEIST DES TECHNISCHEN ZEITALTERS

1. HEROISCHER PAZIFISMUS

Das Paradies der Zukunft läßt sich nicht durch Putsche erschleichen - es läßt sich nur durch Arbeit erobern. Der Geist des technischen Zeitalters ist heroisch-pazifistisch: heroisch, weil Technik Krieg mit verändertem Objekt ist - pazifistisch weil sich sein Kampf nicht gegen Menschen richtet, sondern gegen Naturgewalten.

Das technische Heldentum ist unblutig: der technische Held arbeitet, denkt, handelt, wagt und duldet, nicht um seinen Mitmenschen nach dem Leben zu trachten, sondern um sie aus dem Sklavenjoch von Hunger, Kälte, Not und Zwangsarbeit zu erlösen.

Der Held des technischen Zeitalters ist ein friedlicher Held der Arbeit und des Geistes.

Die Arbeit des technischen Zeitalters ist Askese: Selbstbeherrschung und Entsagung. In ihrer heutigen Form und ihrem heutigen Ausmaße ist sie kein Vergnügen, sondern ein hartes Opfer. das wir unseren Mitmenschen und Nachkommen darbringen.

Askese heißt Übung: sie ist der griechische Ausdruck für das, was auf englisch Training heißt; durch diese Übersetzung verliert der Begriff Askese seinen pessimistische Charakter und wird optimistisch-heroisch.

Die optimistische, lebensbejahende Askese des technischen

Zeitalters bereitet ein Reich Gottes auf Erden vor: sie rodet die Erde zum Paradiese; zu diesem Zwecke versetzt sie Berge, Flüsse und Seen, wickelt den Erdball in Kabel und Schienen, schafft aus Urväldern Plantagen, aus Steppen Ackerland. Wie ein überirdisches Wesen verändert der Mensch die Erdoberfläche nach seinen Bedürfnissen. -

2. DER GEIST DER TRAGHEIT

Im Zeitalter der Arbeit und Technik gibt es kein größeres Laster als Trägheit - wie es im Zeitalter des Krieges kein größeres Laster als Feigheit gibt.

Die Überwindung der Trägheit ist die Hauptaufgabe des technischen Heroismus.

Wo das Leben sich als Energie manifestiert - steht die Trägheit im Zeichen des Todes. Der Kampf des Lebens gegen den Tod ist ein Kampf der Tatkraft gegen die Trägheit. Der Sieg des Todes über das Leben ist ein Sieg der Trägheit über die Tatkraft. Die Boten des Todes sind Alter und Krankheit: in ihnen gewinnt die Trägheit Übermacht über die Lebensenergie: Züge, Glieder, Bewegungen werden schlaff und hängend, Lebenskraft, Lebensmut und Lebensfreude sinken, alles neigt sich zur Erde, wird müde und träge - bis der Mensch, der nicht mehr vorwärtsschreiten und sich nicht mehr aufrechthalten kann, als Opfer der Trägheit ins Grab sinkt: dort triumphiert die Trägheit über das Leben.

Alle jungen Blüten streben, der Schwerkraft entgegen, zur Sonne: alle reifen Früchte fallen, von der Schwerkraft überwältigt, zur Erde.

Symbol des technischen Sieges über die Schwerkraft, des

triumphalen Menschenwillens und Menschengeistes über die Trägheit der Materie ist der fliegende Mensch. Wenige Dinge sind so erhaben und so schön wie er. Hier vermählen sich Dichtung und Wahrheit, Romantik und Technik, die Mythen von Daedalus und Wieland mit den Visionen Lionardos und Goethes; durch Taten von Technikern werden die kühnsten Dichterträume Wirklichkeit: auf Flügeln, die sein Geist und sein Wille gespannt haben, erhebt sich der Mensch über Raum, Zeit und Schwerkraft, über Erde und Meer.

3. SCHÖNHEIT UND TECHNIK

Wer an den Schönheitswert der Technik noch zweifelte, muß angesichts des fliegenden Menschen verstummen. Aber nicht nur das Flugzeug schenkt uns neue Schönheit: auch Automobil, Motorboot, Schnellzugslokomotive, Dynamomaschine sind in Tätigkeit und Bewegung von eigener, spezifischer Schönheit. Weil aber diese Schönheit dynamisch ist, kann sie nicht, wie die statische Schönheit der Landschaft, von Pinsel, Griffel und Meißel festgehalten werden: deshalb existiert sie nicht für Menschen ohne originalen Schönheitssinn, die der Kunst als Wegweiserin im Irrgarten der Schönheit bedürfen.

Ein Ding ist schön durch die Ideale der Harmonie und Vitalität, die es uns vermittelt und die Impulse, die es uns nach diesen Richtungen gibt. So schafft sich jede Kultur ihre eigenen Symbole der Kraft und Schönheit: der Grieche steigerte seine eigene Harmonie an Statuen und Tempeln; der Römer steigerte seine Kraft und Tapferkeit an den Zirkuskämpfen seiner Raubtiere und Gladiatoren; der mittelalterliche Christ vertiefte und verklärte seine Seele durch Einfühlung in die Passion im Meßopfer und Altarsakramente; der Bürger der Neuzeit wuchs an den

Helden seiner Theater und Romane; der Japaner lernte Grazie, Anmut und Schicksalsergebung von seinen Blumen.

In einer Zeit rastlosen Fortschrittes mußte das Schönheitsideal dynamisch werden - und mit ihm sein Symbol. Der Mensch des technischen Zeitalters ist ein Schüler der Maschine, die er geschaffen hat: von ihr lernt er unermüdliche Tätigkeit und gesammelte Kraft. Die Maschine als Geschöpf und Tempel des heiligen Menschengeistes symbolisiert die Überwindung der Materie durch den Geist, des Starren durch die Bewegung. der Trägheit durch die Kraft: das Sich aufreiben im Dienste der Idee, die Menschheitsbefreiung durch die Tat. -

Die Technik hat dem kommenden Zeitaltet eine neue Ausdrucksform geschenkt: das Kino. Das Kino steht im Begriffe, das Theater von heute, die Kirche von gestern, Zirkus und Amphitheater von vorgestern abzulösen und im Arbeitsstaate der Zukunft eine führende Kulturrolle zu spielen.

Bei all seinen künstlerischen Mängeln beginnt heute schon der Film ein neues Evangelium unbewußt in die Massen zu tragen: das Evangelium der Kraft und der Schönheit. Er verkündet jenseits von Gut und Böse, den Sieg des stärksten Mannes und der schönsten Frau - ob nun der Mann, der seine Rivalen an Körper—, Willens- oder Geisteskraft überragt, Abenteurer oder Held, Verbrecher oder Detektiv ist, und ob die Frau, die reizvoller oder edler, graziöser oder selbstloser ist als die anderen, Hetäre oder Mutter ist. So predigt die Leinwand in tausend Variationen den Männern: „Seid stark!" den Frauen: „Seid schön!"

Diese massenpädagogische Mission, die im Kino

schlummert, zu läutern und auszubauen, ist eine der größten und verantwortungsvollsten Aufgaben der heutigen Künstler: denn das Kino der Zukunft wird fraglos auf die proletarische Kultur einen größeren Einfluß haben, als das Theater auf die bürgerliche. -

4. EMANZIPATION

Der Kultus des technischen Zeitalters ist ein Kultus der Kraft. Für die Entfaltung der Harmonie fehlt Zeit und Muße. In ihrem Zeichen wird einst das goldene Zeitalter der Kultur stehen, das dem eisernen Zeitalter der Arbeit folgen wird.

Bezeichnend für die dynamische Einstellung unserer Epoche ist ihr männlich - europäischer Charakter. Die männlich-europäische Ethik Nietzsches bildet den Protest unseres Zeitalters gegen die weiblich-asiatische Moral des Christentums.

Auch die Emanzipation der Frau ist ein Symptom für die Vermännlichung unserer Welt: denn sie führt nicht den weiblichen Menschentypus zur Macht - sondern den männlichen. Während früher die weibliche Frau durch ihren Einfluß auf den Mann teilnahm an der Weltbeherrschung - schwingen heute Männer beiderlei Geschlechtes das Zepter der wirtschaftlichen und politischen Macht. Die Frauenemanzipation bedeutet den Triumph des Mannweibes über die wirkliche, weibliche Frau; sie führt nicht zum Siege - sondern zur Abschaffung des Weibes. Die Dame ist schon im Aussterben: die Frau soll ihr folgen. - Durch die Emanzipation wird das weibliche Geschlecht, das bisher teilweise enthoben war, für den technischen Krieg mobilisiert und eingereiht in die Armee der Arbeit.

Die Emanzipation der Asiaten vollzieht sich unter den gleichen Bedingungen wie die Emanzipation der Frauen; sie ist ein Symptom für die Europäisierung unserer Welt: denn sie führt nicht den orientalischen Typus zum Siege - sondern den europäischen. Während früher der orientalische Geist durch das Christentum Europa beherrschte - teilen sich heute weiße und farbige Europäer in der Weltherrschaft. Das sogenannte Erwachen des Orients bedeutet den Triumph des gelben Europäers über den wahren Orientalen; es führt nicht zum Siege - sondern zur Vernichtung der orientalischen Kultur. Wo im Osten das Blut Asiens siegt, siegt mit ihm der Geist Europas: der männliche, harte, dynamische, zielstrebige, tatkräftige, rationalistische Geist. Um am Fortschritte teilzunehmen, muß Asien seine harmonische Seele und Kultur gegen die europäisch-vitale vertauschen. - Die Emanzipation der Asiaten bedeutet ihren Eintritt in die europäisch-amerikanische Armee der Arbeit und ihre Mobilisierung für den technischen Krieg.

Nach dessen siegreicher Beendigung wird Asien wieder asiatisch, die Frau wieder weiblich sein können: dann werden Asien und die Frau die Welt zu reinerer Harmonie erziehen. Bis dahin aber müssen die Asiaten die europäische Uniform tragen - die Frauen die männliche. -

5. CHRISTENTUM UND RITTERTUM

Wer unter Kultur Harmonie mit der Natur versteht, muß unsere Epoche barbarisch nennen - wer unter Kultur Auseinandersetzung mit der Natur versteht, muß die spezifische, männlich- europäische Form unserer Kultur würdigen. Der christlich-orientalische Ursprung der europäischen Ethik ließ sie den ethischen Wert des technischen Fortschrittes verkennen; erst unter der

Perspektive Nietzsches erscheint das heroisch-asketische Ringen des technischen Zeitalters um Erlösung durch Geist und Tatkraft als gut und edel.

Die Tugenden des technischen Zeitalters sind vor allem: Tatkraft, Ausdauer, Tapferkeit, Entsagung, Selbstbeherrschung und Solidarität. Diese Eigenschaften stählen die Seele zum unblutigen, harten Kampf der sozialen Arbeit.

Die Ethik der Arbeit knüpft an die ritterliche Ethik des Kampfes an: beide sind männlich, beide nordisch. Nur wird sich diese Ethik den neuen Verhältnissen anpassen und an die Stelle der überlebten Ritterehre eine neue Arbeitsehre setzen. Der neue Ehrbegriff wird auf Arbeit beruhen - die neue Schande

auf Faulheit. Der faule Mensch wird als Deserteur der Arbeitsfront betrachtet und verachtet werden. Die Objekte der neuen Heldenverehrung werden Erfinder sein, statt Feldherrn: Werte- Schöpfer statt Werte-Zerstörer.

Aus der christlichen Moral wird die Ethik der Arbeit den Geist des Pazifismus und des Sozialismus übernehmen: weil nur der Friede für die technische Entwicklung produktiv - der Krieg destruktiv ist, und weil nur der soziale Geist der Zusammenarbeit aller Schaffenden zum technischen Siege über die Natur führen kann.

6. DIE BUDDHISTISCHE GEFAHR

Jede passivistische und lebensfeindliche Propaganda, die sich gegen die technische und industrielle Entwicklung richtet - ist Hochverrat an der Arbeitsarmee Europas: denn sie ist Aufforderung zum Rückzug und zur Fahnenflucht während des Entscheidungskampfes. - Tolstoianer und Neo-Buddhisten machen sich dieses Kulturfrevels schuldig: sie fordern die weiße Menschheit auf, kurz vor ihrem Endsiege vor der Natur zu kapitulieren, das von der Technik eroberte Gelände zu räumen und freiwillig zur Primitivität des Ackerbaues und der Viehzucht zurückzukehren. Müde des Kampfes wollen sie, daß Europa künftig in seiner ärmlichen Natur ein ärmliches, kindliches Dasein fristet - statt sich durch höchste Anspannung des Geistes, des Willens und der Muskeln siegreich eine neue Welt zu schaffen.

Was in Europa noch lebensfähig und lebenstüchtig ist, lehnt diesen Kulturselbstmord ab: es fühlt die Einzigartigkeit seiner Lage und seine Verantwortung vor der künftigen Menschheit. Eine Waffenstreckung der Technik würde die Welt in den asiatischen Kulturkreislauf zurückwerfen. Hart vor ihren Ziele würde die technische Weltrevolution, die Europa heißt, zusammenbrechen und eine der größten Menschheitshoffnungen begraben. Das Nordland Europa, das von seinem heroischen Schaffen lebt, muß den entnervenden Geist des Buddhismus abwehren. Japan muß, je mehr es sich industrialisiert, vom Buddhismus innerlich abrücken; so müßte Europa, je mehr es sich innerlich dem Buddhismus hingibt, seine technische Mission vernachlässigen und verraten. Der Buddhismus ist eine wunderbare Krönung reifer Kulturen - aber ein gefährliches Gift für werdende Kulturen. Seine Weltanschauung taugt für das Alter, für den Herbst - wie die Religion Nietzsches für Jugend und Frühling - der Glaube Goethes für die Blüte des Sommers.

Der Buddhismus würde die Technik ersticken - und mit ihr den Geist Europas.

Europa soll seiner Mission treu bleiben und nie die Wurzeln seines Wesens verleugnen: Heroismus und Rationalismus, germanischen Willen und hellenischen Geist. Denn das Wunder Europa entstand erst aus der Vermählung dieser beiden Elemente. Der blinde Tatendrang der nordischen Barbaren wurde sehend und fruchtbar durch die Berührung mit der mittelländischen Geisteskultur: so wurden aus Kriegern Denker, aus Helden Erfinder.

Der Mystizismus Asiens bedroht Europas geistige Klarheit - der Passivismus Asiens bedroht seine männliche Tatkraft. Nur wenn Europa diesen Versuchungen und Gefahren widersteht und sich auf seine hellenischen und germanischen Ideale besinnt - wird es den technischen Kampf zu Ende kämpfen können, um einst sich und die Welt zu erlösen.

IX. STINNES UND KRASSIN

1. WIRTSCHAFTS STAATEN

Stinnes ist der Führer der kapitalistischen Wirtschaft Deutschlands - Krassin der Führer der kommunistischen Wirtschaft Rußlands. Im Folgenden gelten sie als Exponenten der kapitalistischen und der kommunistischen Produktion, nicht als Persönlichkeiten.

Seit dem Zusammenbruch der drei großen europäischen Militärmonarchien gibt es in unserem Weltteile nur noch Wirtschaftsstaaten: wirtschaftliche Probleme stehen im Zentrum der inneren und äußeren Politik: Merkur regiert die Welt; als Erbe des Mars - als Vorläufer Apollons.

Die Wandlung vom Militärstaate zum Wirtschaftsstaat ist der politische Ausdruck der Tatsache, daß an Stelle der Kriegsfront die Arbeitsfront in den Vordergrund der Geschichte gerückt ist.

Dem Zeitalter des Krieges entsprachen Militärstaaten - dem Zeitalter der Arbeit entsprechen Wirtschaftsstaaten.

Der kommunistische wie der kapitalistische Staat sind Arbeitsstaaten: nicht mehr Kriegsstaaten - noch nicht Kulturstaaten. Beide stehen im Zeichen der Produktion und des technischen Fortschrittes. Beide werden von Produzenten beherrscht, wie einst die Militärstaaten von Militärs: der kommunistische von den Führern der Industriearbeiter - der kapitalistische von den Führern der Industriellen.

Kapitalismus und Kommunismus sind ebenso

wesensverwandt, wie Katholizismus und Protestantismus, die sich durch Jahrhunderte für extreme Gegensätze hielten und mit allen Mitteln blutig bekämpften. Nicht ihre Verschiedenheit, sondern ihre Verwandtschaft ist die Ursache des erbitterten Hasses, mit dem sie einander verfolgen.

Solange Kapitalisten und Kommunisten auf dem Standpunkte stehen, es sei erlaubt und geboten, Menschen totzuschlagen oder auszuhungern, weil sie andere wirtschaftliche Grundsätze vertreten - befinden sich beide praktisch auf einer sehr niedrigen Stufe der ethischen Entwicklung. Theoretisch sind freilich die Voraussetzungen und Ziele des Kommunismus ethischer als die des Kapitalismus, weil sie von objektiveren und gerechteren Gesichtspunkten ausgehen.

Für den technischen Fortschritt sind aber ethische Gesichtspunkte nicht maßgebend: hier ist die Frage entscheidend ob das kapitalistische oder das kommunistische System rationeller und geeigneter ist, den technischen Befreiungskampf gegen die Naturgewalten durchzuführen.

2. DAS RUSSISCHE FIASKO

Der Erfolg spricht für Stinnes, gegen Krassin: die kapitalistische Wirtschaft blüht, während die kommunistische darniederliegt. Aus dieser Feststellung auf den Wert der beiden Systeme zu schließen, wäre einfach aber ungerecht. Denn es darf nicht übersehen werden, unter welchen Begleitumständen der Kommunismus die russische Wirtschaft übernommen und geführt hat: nach einem militärischen, politischen und sozialen Zusammenbruch, nach Verlust wichtigster

Industriegebiete, im Kampfe gegen die ganze Welt, unter dem Druck jahrelanger Blockade, dauernden Bürgerkrieges und der passiven Resistenz der Bauern, der Bürger und der Intelligenz; dazu trat noch die katastrophale Mißernte. Wenn man all diese Umstände, sowie die geringere organisatorische Begabung und Bildung des russischen Volkes in Rechnung zieht - so kann man nur darüber staunen, daß sich noch Reste einer russischen Industrie erhalten haben.

Die Mißerfolge des fünfjährigen Kommunismus unter diesen erschwerenden Umständen an den Erfolgen des ausgereiften Kapitalismus messen zu wollen, wäre ebenso ungerecht, wie ein neugeborenes Kind mit einem erwachsenen Manne zu vergleichen und daraufhin festzustellen, das Kind sei ein Idiot - während in ihm, vielleicht, ein werdendes Genie schlummert.

Selbst wenn der Kommunismus in Rußland zusammenbricht, wäre es ebenso naiv, die soziale Revolution damit für abgetan zu erklären - wie es nach dem Zusammenbruch der hussitischen Bewegung töricht gewesen wäre, die Reformation für erledigt zu halten: denn nach wenigen Jahrzehnten erschien Luther und führte viele der hussitischen Ideen zum Siege.

3. KAPITALISTISCHE UND KOMMUNISTISCHE PRODUKTION

Der wesentliche Vorsprung der kapitalistischen Wirtschaft liegt in ihrer Erfahrung. Sie beherrscht alle Methoden der Organisation und Produktion, alle strategischen Geheimnisse im Kampfe zwischen Mensch und Natur und verfügt über einen Stab geschulter Industrieoffiziere. Der

Kommunismus dagegen sieht sich gezwungen, mit einem unzureichenden Generalstab und Offizierskorps neue Kriegspläne zu entwerfen, neue Organisations- und Produktionsmethoden zu versuchen. Stinnes kann auf eingefahrenen Geleisen vorwärtsdringen - während Krassin Pfadfinder sein muß im Urwald der wirtschaftlichen Revolution.

Durch Konkurrenz, Gewinn und Risiko verwendet der Kapitalismus einen unübertrefflichen Motor, der den Wirtschaftsapparat in ständiger Bewegung erhält: den Egoismus. Jeder Unternehmer, Erfinder, Ingenieur und Arbeiter sieht sich im kapitalistischen Staate gezwungen, seine Kräfte aufs höchste anzuspannen, um nicht von der Konkurrenz überrannt zu werden und zugrunde zu gehen. Die Soldaten und Offiziere der Arbeitsarmee müssen vorrücken, um nicht unter die Räder zu kommen.

In der freien Initiative des Unternehmens liegt ein weiterer Vorzug des Kapitalismus, dem die Technik viel zu verdanken hat. Eines der schwierigsten Probleme des Kommunismus liegt in der Vermeidung des wirtschaftlichen Bürokratismus, von dem er ständig bedroht ist.

Der technische Hauptvorzug des Kommunismus liegt darin, daß er die Möglichkeit hat, sämtliche produktive Kräfte und Naturschätze seines Wirtschaftsgebietes zusammenzufassen und nach einem einheitlichen Planc rationell zu verwenden. Damit erspart er all die Kräfte, die der Kapitalismus auf die Abwehr der Konkurrenz verschwendet. Die prinzipielle Planmäßigkeit der kommunistischen Wirtschaft, die es heute unternimmt, das russische Riesenreich nach einem einheitlichen Plane rationell zu elektrifizieren, bedeutet technisch einen wesentlichen Vorzug gegenüber der kapitalistischen Produktionsanarchie. Die kommunistische Arbeitsarmee kämpft unter einheitlichem Kommando geschlossen gegen die feindliche Natur - während die zersplitterten Arheitsbataillone des Kapitalismus nicht nur gegen den gemeinsamen Feind kämpfen, sondern zum Teil auch gegeneinander, zur Niederwerfung der Konkurrenten.

Krassin hat außerdem seine Armee fester in der Hand als Stinnes; denn die Arbeiter der Stinnesarmee sind sich darüber klar, daß ein Teil ihrer Arbeit der Bereicherung eines fremden, feindlichen Unternehmers dient, während die Arbeiter der Krassinarmee sich bewußt sind, daß sie für den kommunistischen Staat arbeiten, dessen Teilhaber und Stützen sie sind. Stinnes erscheint seinen Arbeitern als Unterdrücker und Gegner - Krassin als Führer und Verbündeter. Deshalb kann es Krassin wagen, Streiks zu verbieten und Sonntagsarbeit einzuführen - während dies für Stinnes unmöglich wäre.

Die Stinnesarmee ist zersetzt durch wachsende Unzufriedenheit und Meuterei (Streik) - während die Krassinarmee trotz ihrer materiellen Not von einem idealen Ziele getragen wird. Kurz: der Krieg gegen die Naturkräfte ist in Rußland Volkskrieg - in Europa und Amerika ein dynastischer Krieg von Industriekönigen. -

Die Arbeit des kommunistischen Arbeiters ist ein Kampf für seinen Staat und seine Staatsform - die Arbeit des kapitalistischen Arbeiters ein Ringen um sein Leben. Hier ist die Haupttriebfeder der Arbeit der Egoismus - dort der politische Idealismus: beim heutigen Stande der Ethik ist, leider, Egoismus ein stärkerer Motor als Idealismus und damit der Kampfwert der kapitalistischen Arbeitsarmee größer als der der kommunistischen. Der Kommunismus verfügt über einen rationelleren Wirtschaftsplan - der Kapitalismus über einen stärkeren Arbeitsmotor.

Der Kapitalismus wird nicht an seinen technischen, sondern an seinen ethischen Defekten scheitern. Die Unzufriedenheit der Stinnesarmee wird sich auf die Dauer nicht durch Maschinengewehre niederhalten lassen. Der reine Kapitalismus gründet sich auf die Unselbständigkeit und Unwissenheit der Arbeiter - wie der militärische Kadavergehorsam auf die Unselbständigkeit und Unwissenheit der Soldaten. Je selbständiger, selbstbewußter und gebildeter die Arbeiterklasse wird - desto unmöglicher wird es für Privatleute sein, sie für ihre Privatinteressen arbeiten zu lassen.

Die Zukunft gehört Krassin - über die Wirtschaft der Gegenwart entscheidet das russische Experiment. Darum liegt es im eigensten Interesse der ganzen Welt, dieses Experiment nicht nur nicht zu stören, sondern nach Kräften zu fördern: denn nur dann wäre dessen Ausgang eine Antwort auf die Frage, ob der Kommunismus fähig ist, die heutige Wirtschaft zu reformieren - oder ob ihm das notwendige Übel des Kapitalismus vorzuziehen ist.

4. SÖLDNER UND SOLDATEN DER ARBEIT

Dem Kapitalismus entsprach im Zeitalter des Krieges das Söldnerheer - dem Kommunismus das Volksheer. Zur Söldnerzeit konnte sich jeder reiche Privatmann ein Kriegsheer anwerben und ausrüsten, das er besoldete und befehligte - so wie sich heute jeder reiche Privatmann ein Arbeitsheer anwerben und ausrüsten kann, das er besoldet und befehligt.

Vor drei Jahrhunderten spielte Wallenstein eine analoge

Rolle in Deutschland, wie heute Stinnes: mit Hilfe seines Vermögens, das er im böhmischen Kriege vermehrt hatte, und der Armee, die er mit demselben warb und unterhielt, wurde Wallenstein aus einem Privatmanne zur mächtigsten Persönlichkeit des Deutschen Reiches - wie heute Stinnes durch sein Vermögen, das er im Weltkriege vermehrt hat, sowie durch Presse und Arbeitsarmee, die er mit demselben wirbt und unterhält, zum mächtigsten Manne der deutschen Republik geworden ist.

Im kapitalistischen Staate ist der Arbeiter Söldner, der Unternehmer Kondottiere der Arbeit - im kommunistischen Staate ist der Arbeiter Soldat eines Volksheeres, das staatlich angestellten Generälen untersteht. Wie damals die Kondottieri mit dem Blute ihrer Söldner Fürstentümer eroberten und Dynastien gründeten - so erobern die modernen Kondottieri mit dem Schweiße ihrer Arbeiter Reichtümer und Machtstellungen und gründen Plutokraten-Dynastien. Wie einst jene Söldnerführer - so verhandeln heute Industriekönige als gleichberechtigte Faktoren mit Regierungen und Staaten: sie lenken die Politik durch ihr Geld, wie einst jene durch ihre Macht.

Die Reform der Arbeitsarmee, die der Kommunismus durchführt, entspricht in allen Einzelheiten der Heeresform, die alle modernen Staaten durchgemacht haben.

Die Heeresreform hat die Söldnerheer deurch Volksheere ersetzt: sie hat die allgemeine Wehrpflicht eingeführt, das Heerwesen verstaatlicht, private Anwerbungen verboten, die Landsknechtführer durch staatlich angestellte Offiziere ersetzt und die Wehrpflicht ethisch verherrlicht.

Der Arbeitsstaat führt die gleichen Reformen in der Arbeitsarmee ein: er proklamiert die allgemeine

Arbeitspflicht, verstaatlicht die Industrie, verbietet private Unternehmungen, ersetzt die Privatunternehmer durch staatlich angestellte Direktoren und verherrlicht die Arbeit als sittliche Pflicht.

Stinnes und Krassin sind beide Befehlshaber gewaltiger Arbeitstruppen, die gegen den gemeinsamen Feind kämpfen: die nordische Natur. Stinnes führt als moderner Wallenstein ein Söldnerheer - Krassin als Feldmarschall eines Arbeitsstaates ein Volksheer. Während diese beiden Feldherrn sich für Gegner halten, sind sie Verbündete, marschieren getrennt, schlagen vereint.

5. SOZIALER KAPITALISMUS - LIBERALER KOMMUNISMUS

Wie die Regeneration des Katholizismus eine Folge der Reformation war, so könnte die Rivalität des Kapitalismus und Kommunismus beide befruchten: wenn sie, statt einander durch Mord, Verleumdung und Sabotage zu bekämpfen, sich darauf beschränken würden, durch kulturelle Leistungen ihren höheren Wert zu erweisen.

Keine theoretische Rechtfertigung des Kapitalismus wirbt stärker für dieses System als die unbestreitbare Tatsache, daß das Los der amerikanischen Arbeiter (von denen manche im eigenen Auto zur Fabrik fahren) praktisch ein besseres ist als das der russischen, die mit ihren Mitarbeitern gleichmäßig hungern und verhungern. Denn Wohlstand ist wesentlicher als Gleichheit: besser, alle werden wohlhabend und wenige reich als daß allgemeines, gleichmäßiges Elend herrscht. Nur Neid und Pedanterie können sich gegen dieses Urteil stemmen. Am besten freilich wäre universeller, allgemeiner Reichtum - aber der liegt in der Zukunft, nicht in der Gegenwart: ihn herbeiführen kann nur die Technik, nicht die Politik.

Der amerikanische Kapitalismus ist sich bewußt, daß er sich nur durch großzügiges soziales Wirken behaupten kann. Er betrachtet sich als Verwalter des nationalen Reichtums, den er zur Förderung von Erfindungen, zu kulturellen und humanitären Zwecken verwendet.

Nur ein sozialer Kapitalismus, der so unternimmt, sich mit der Arbeiterschaft auszusöhnen, hat Aussicht auf Bestand: nur ein liberaler Kommunismus, der es unternimmt, sich mit der Intelligenz auszusöhnen, hat Aussicht auf Bestand. Den ersten Weg versucht England, den zweiten neuerdings Rußland. Gegen den Widerstand der Offiziere einen Krieg zu führen, ist auf die Dauer ebenso unmöglich, wie gegen den Widerstand der Mannschaft. Das gilt auch von der Arbeitsarmee: sie ist auf sachverständige Führer ebenso angewiesen, wie auf willige Arbeiter.

Krassin hat erkannt, daß es für den Kommunismus notwendig ist, vom Kapitalismus zu lernen. Deshalb fördert er neuerdings die private Initiative, ernennt zu Leitern der Staatsbetriebe energische und sachverständige Ingenieure mit weitestgehenden Vollmachten und Gewinnbeteiligung und ruft einen Teil der vertriebenen Industriellen zurück; schließlich unterstützt er den schwachen Arbeitsmotor Idealismus durch Egoismus, Ehrgeiz und zwang und sucht durch dieses gemischte System die Arbeitsleistung des russischen Proletariats zu steigern.

Nur diese kapitalistische Methoden können den Kommunismus retten: denn er hat erkennen gelernt, daß der Winter und die Dürre grausamere Despoten Rußlands sind als sämtliche Zaren und Großfürsten: und daß der entscheidendere Befreiungskrieg ihnen gilt. Darum stellt er heute die Bekämpfung der Hungersnot, die Elektrifizierung und den Wiederaufbau der Industrie und des Eisenbahnwesens in den Mittelpunkt seiner Gesamtpolitik und opfert sogar diesen technischen Plänen eine Reihe politischer Grundsätze. Er weiß, daß sein wirtschaftlicher Erfolg oder Mißerfolg den politischen bestimmen wird und daß es von ihm abhängt, ob die russische Revolution schließlich zur Welterlösung führt - oder zur Weltenttäuschung.

Die Abschaffung des Privateigentums muß beim heutigen Stande der Ethik an unüberwindlichen psychologischen Widerständen scheitern. Dennoch bleibt der Kommunismus ein Wendepunkt in der wirtschaftlichen Entwicklung vom Unternehmer- zum Arbeiterstaate - und in der politischen Entwicklung vom unfruchtbaren System der plutokratischen Demokratie zu einer neuen sozialen Aristokratie geistiger Menschen.

6. TRUST UND GEWERKSCHAFTEN

Solange der Kommunismus sich als unreif erweist, die Führung im technischen Befreiungskampfe zu übernehmen, werden Krassin und Stinnes sich verständigen müssen. Diesen Weg, der zur Zusammenarbeit führt statt zur Gegeneinanderarbeit, werden die fanatischen Dummköpfe des Kapitalismus wie des Kommunismus von sich weisen: nur die heilsten Köpfe beider Lager werden sich begegnen in der Erkenntnis, daß es besser ist, die Weltkultur durch einen Verständigungsfrieden zu retten, als durch einen Vernichtungssieg zu zerstören. Dann werden aus den Kondottieri der Wirtschaft Generäle werden, aus Söldnern der Wirtschaft Soldaten.

In der roten Wirtschaft von morgen kann es ebensowenig Gleichheit geben zwischen Führern und Geführten, wie in der roten Armee von heute: aber die künftigen Industriellen werden nicht mehr unverantwortlich sein wie heute, sondern sich der Gesamtheit verantwortlich fühlen. Die unproduktiven Kapitalisten, (Schieber) werden aus dem Wirtschaftsleben ebenso verschwinden, wie einst die dekorativen Hofgeneräle aus der Armee. Wie dies heute schon vielfach der Fall ist, wird der produktive Kapitalist zum intensivsten Arbeiter seiner Fabrik werden müssen. Durch ein gleichzeitiges Sinken seines übermäßigen Gewinnes wird ein gerechter Ausgleich eintreten zwischen seiner Arbeit und seinem Einkommen.

Zwei wirtschaftliche Kraftgruppen beginnen sich in den kapitalistischen Arbeitsstaaten in der Führung der Wirtschaft zu teilen: die Vertreter der Unternehmer und der Arbeiter - Trusts und Gewerkschaften. Ihr Einfluß auf die Politik ist im Wachsen und wird die Parlamente an Bedeutung überflügeln. Sie werden einander ergänzen und kontrollieren wie einst Senat und Tribunat, Oberhaus und Unterhaus. Die Bezwingung der Naturkräfte und die Eroberung der Naturschätze werden die Trusts leiten - die Verteilung der Beute werden die Gewerkschaften kontrollieren.

Auf dem gemeinsamen Boden der Produktionssteigerung und der Vervollkommnung der Technik werden sich Stinnes und Krassin begegnen: denn sie sind Gegner in der Frage der Verteilung - Bundesgenossen in der Frage der Erzeugung: gegeneinander kämpfen sie in der Frage der Wirtschaftsmethode - mit einander im Menschheitskriege gegen die Naturkräfte.

X. VOM ARBEITSSTAAT ZUM KULTURSTAAT

1. KINDERKULT

Unsere Epoche ist gleichzeitig die Kampfepoche der Technik und die Vorbereitungsepoche der Kultur. Sie stellt an uns die Doppelforderung:

1. Ausbau des Arbeitsstaates.
2. Vorbereitung des Kulturstaates.

Die erste Aufgabe stellt die Politik in den Dienst der Technik - die zweite in den Dienst der Ethik. Nur der Blick auf das kommende Zeitalter der Kultur gibt der leidenden und kämpfenden Menschheit des technischen Zeitalters die Kraft, den Kampf mit den Naturgewalten bis zum Siege fortzusetzen.

Die Mehrarbeit, die der moderne Mensch gegenüber dem mittelalterlichen leistet, ist sein Vermächtnis an den Menschen der Zukunft; durch diese Mehrarbeit häuft er ein Kapital an Erkenntnissen, Maschinen und Werten an, dessen Zinsen einst seine Enkel genießen werden.

Die Teilung der Menschheit in Herren und Sklaven, in Kulturträger und Zwangsarbeiter, wird auch heute anerkannt: aber diese Kasten beginnen sich aus dem Sozialen ins Zeitliche zu verschieben. Wir sind nicht die Sklaven unserer Zeitgenossen - sondern unserer Enkel. Statt eines neben einander bestehenden Herren- und Sklavenstandes setzt unsere Kulturauffassung eine nacheinander bestehende Sklaven- und Herrenepoche. Die Arbeitswelt von heute errichtet die Grundlagen der

Kulturwelt von morgen.

Wie einst die Kulturmuße der Herren aufgebaut war auf der Überarbeitung der Sklaven - so wird die Kulturmuße der Zukunft aufgebaut sein auf der Überarbeitung der Gegenwart. Die jetzige Menschheit steht im Dienste der kommenden; wir säen, auf daß andere ernten; unsere Zeit arbeitet, forscht und ringt - damit eine künftige Welt in Schönheit erstehen kann.

So tritt an die Stelle des östlichen Ahnen-Kultes ein westlicher Kinder-Kult. Er blüht im kapitalistischen wie im kommunistischen Arbeitsstaate: in Amerika wie in Rußland. Die Welt kniet vor dem Kinde als Idol, als Versprechen einer schöneren Zukunft. Es ist zum Dogma geworden, bei aller Wohltätigkeit zuerst des Kindes zu gedenken. Im kapitalistischen Westen arbeiten sich die Väter zu Tode, um ihren Kindern reichere Lebensmöglichkeiten zu hinterlassen im kommunistischen Osten lebt und stirbt eine ganze Generation im Elend, um ihren Nachkommen eine glücklichere und gerechtere Zukunft zu sichern. Die Pietät des europäischen Zeitalters ist nach vorwärts gerichtet.

Der westliche Kinder-Kult wurzelt im Entwicklungsglauben. Der Europäer sieht im späteren das bessere, höherentwickelte; er glaubt, daß seine Enkel der Freiheit würdiger sein werden als er und seine Zeitgenossen: er glaubt, daß die Welt vorwärtsgeht. Während der Orientale die Gegenwart schwebend sieht, im Gleichgewicht zwischen der Vergangenheit und der Zukunft - erscheint sie dem Europäer als rollende Kugel, die sich immer schneller von ihrer Vergangenheit loslöst, um einer unbekannten Zukunft zuzueilen. Der Orientale steht jenseits der Zeit; der Europäer geht mit der Zeit: er stößt die Vergangenheit ab und umarmt seine Zukunft. Seine Geschichte ist eine stete Abrechnung mit der Vergangenheit und ein Drängen nach Zukunft. Weil er das Vorwärtsschreiten der Zeit miterlebt, bedeutet Stillstand für ihn Rückschritt. Er lebt in der heraklitischen Welt des Werdens - der Orientalien der parmenidischen Welt des Seins.

Infolge dieser Einstellung ist unser Zeitalter nur aus der Perspektive des kommenden zu werten. Es ist eine Zeit der Vorbereitung und des Kampfes, der Unreife und des Überganges. Wir sind ein junges Geschlecht, das über die Brücke zweier Welten schreitet und am Beginn eines unbetretenen Kulturkreises steht: so erleben wir unser stärkstes Gefühl im Vorwärtsdringen, im Wachsen und Kämpfen - nicht im friedlichen Genuß orientalischer Reife. Nicht Lust ist unser Ziel - sondern Freiheit; nicht Beschaulichkeit ist unser Weg sondern Tat. -

2. ARBEITSPFLICHT

Der Ausbau des Arbeitsstaates ist die eine Kulturpflicht unseres Zeitalters. Der Arbeitsstaat ist die letzte Etappe des Menschen auf seinem Wege in das Kulturparadies der Zukunft.

Den Arbeitsstaat ausbauen, heißt: alle erfaßbaren Arbeitskräfte der Natur und des Menschen auf rationellste Weise in den Dienst der Produktion und des technischen Fortschrittes stellen.

In einer Epoche, die an den Grundlagen kommender Kulturen baut, hat niemand ein Recht auf Muße. Die allgemeine Arbeitspflicht ist eine ethische und technische Pflicht zugleich.

Ein ideales Programm für den Ausbau des Arbeitsstaates hat Popper-Lynkeus entworfen in seinem Werke: „Die allgemeine Nährpflicht." Er fordert darin, daß an die Stelle der Wehrpflicht eine allgemeine, obligatorische Arbeitsdienstpflicht tritt, diese würde mehrere Jahre dauern und den Staat in die Lage setzen, jedem seiner Mitglieder zeitlebens ein Existenzminimum an Nahrung, Wohnung, Kleidung, Heizung und ärztlicher Pflege zu garantieren. Dieses Programm könnte das Elend und die Sorge brechen und zugleich die Diktatur der Kapitalisten und Proletarier. Die Klassenunterschiede würden durch die allgemeine Arbeitspflicht ebenso aufhören, wie durch die Durchführung der allgemeinen Wehrpflicht im Kriege der Gegensatz zwischen Berufssoldaten und Zivilisten. - Die Abschaffung des Proletariates aber ist ein erstrebenswäreres Ideal als dessen Herrschaft.

Die allgemeinste Zwangsarbeit ist der Preis, den Popper-Lynkeus für die Beseitigung des Elends und der Sorge fordert. Diese Zwangsarbeit durch Förderung der Technik und Verbesserung der Organisation auf ein Minimum zu reduzieren und schließlich durch freiwillige Arbeit zu ersetzen - bildet den zweiten Programmpunkt des Arbeitsstaates.

Die Hoffnung, die Lenin in „Staat und Revolution" äußert, die Menschheit würde auch nach Abschaffung der Zwangsarbeit freiwillig weiter arbeiten, ist für den Nordländer keine Utopie. Denn der rastlose Europäer und Amerikaner findet in der Untätigkeit keine Befriedigung; durch mehrtausendjährigen Zwang ist ihm Arbeit zur zweiten Natur geworden: er braucht sie, um seine Kräfte zu üben und das Gespenst der Langeweile zu bannen. Sein Ideal ist tätig, nicht beschaulich. Aus diesem Grunde - nicht aus Habsucht - arbeiten die meisten Millionäre des Westens rastlos weiter, statt ihren Reichtum sorglos zu genießen; aus dem gleichen Grunde betrachten auch viele Angestellten ihre Pensionierung als Schicksalsschlag, weil sie die gewohnte Arbeit dem erzwungenen Müßiggang vorziehen.

Beim heutigen Stande der Technik wäre diese freiwillige Arbeit noch unzureichend zur Bannung der Not: noch sind viel Überarbeitung und Zwangsarbeit notwendig, um den Weg freizumachen für eine schöne und freie Arbeit der Zukunft.

Diesen Weg in die Zukunft bahnen die Erfinder. Ihr unermüdliches und stilles Schaffen ist wesentlicher und bedeutsamer für die Kultur als das laute Treiben der Politiker und Künstler, die sich in den Vordergrund der Weltarena drängen. Die moderne Gesellschaft ist verpflichtet, auf jede erdenkliche Weise ihre Erfinder und deren Tätigkeit zu fördern: ihnen müßte sie die Vorzugsstellung gewähren, die das Mittelalter seinen Mönchen und Priestern einräumte und ihnen so die Möglichkeit bieten, ohne Sorgen ihre Erfindungen auszubauen.

Wie die Erfinder die wichtigsten Persönlichkeiten unserer Epoche sind, so sind die Industriearbeiter deren wichtigster Stand: denn sie bilden den Vortrupp im Kampfe des Menschen um die Erdherrschaft und gebären die Gebilde, die von Erfindern gezeugt werden.

3. PRODUZENTEN- UND KONSUMENTENSTAAT

Eine weitere Pflicht des Arbeitsstaates ist die Hebung des allgemeinen Wohlstandes durch Steigerung der Produktion.

Sobald mehr Lebensmittel auf den Markt geworfen werden, als verzehrt werden können - hört der Hunger auf und der selige Naturzustand der Brotbaumländer kehrt auf höherer Stufe wieder.

Nur wenn eine Stadt mehr Wohnungen baut, als sie Familien beherbergt, bannt sie die Wohnungsnot, die sie durch Zwangseinquartierungen nur lindert, verteilt und verschiebt.

Nur wenn ebensoviele Autos erzeugt werden wie Taschenuhren, wird jeder Arbeiter Autobesitzer sein: nicht, indem Volkskommissäre sich in beschlagnahmte Autos von Bankdirektoren setzen.

Nur durch Produktion, nicht durch Konfiskation kann sich der Wohlstand eines Volkes dauernd heben.

Im kapitalistischen Staate ist die Produktion abhängig von der Preisbildung. Wenn es im Interesse der Preisbildung liegt, ist der Produzent ebenso entschlossen, Waren zu vernichten wie zu erzeugen, die Technik zu hemmen wie zu fördern, die Produktion zu drosseln wie zu steigern. Steht die technische und kulturelle Entwicklung im Einklang mit seinen Interessen, so ist er bereit, sie zu fördern - stehen sie zu einander im Widerspruch, so entscheidet er sich unbedenklich für den Gewinn gegen die Technik, Produktion und Kultur. Es liegt im dauernden Interesse der Produzenten, daß die Nachfrage immer das Angebot über - steigt - während es im Interesse der Konsumenten liegt, daß das Angebot die Nachfrage übersteigt.

Der Produzent lebt von der Not des Konsumenten: die Getreideproduzenten leben davon, daß Menschen hungern; die Kohlenproduzenten leben davon, daß Menschen frieren.

Sie haben ein Interesse daran, Hunger und Frost zu verewigen. Das Getreidekapital wäre entschlossen, die Erfindung eines Brotersatzes - das Kohlenkapital, die Erfindung eines Kohlenersatzes zu sabotieren; sie würden gegebenenfalls versuchen, die betreffende Erfindung aufzukaufen und zu vernichten. Die Arbeiter der betreffenden Produktionszweige wären mit ihren Unternehmern solidarisch, um nicht Arbeit und Einkommen zu verlieren.

Die industriellen Unternehmer und Arbeiter sind an der Preissteigerung ihrer Industrieartikel interessiert, - die Landwirte und Landarbeiter an der Preissteigerung ihrer Bodenprodukte. Als Produzenten gehen die Wünsche der Menschen auseinander - während als Konsumenten alle Menschen das gleiche, gemeinsame Ziel haben: Reduktion der Preise durch Steigerung der Produktion.

Ein weiterer Unfug des Produzentenstaates ist die Reklame. Sie ist eine notwendige Folge des Konkurrenzkampfes und besteht in der Erhöhung der Nachfrage durch künstliche Weckung der menschlichen Begehrlichkeit. Dieses Zurschaustellen und Aufdrängen des Luxus, der die Begehrlichkeit weckt, ohne sie je befriedigen zu können - wirkt heute als Hauptursache des allgemeinen Neides, der allgemeinen Unzufriedenheit und Verbitterung. Kein Großstädter kann alle ausgestellten Waren kaufen, die in den Auslagen seine Augen blenden: er muß sich also immer arm fühlen, gemessen an diesen aufgestapelten, ausgestellten Reichtümern und Genüssen. Die seelischen Verheerungen, welche die Reklame anrichtet, lassen sich nur beseitigen durch Abschaffung der Konkurrenz; der Konkurrenzkampf wieder läßt sich nur beseitigen durch eine Abkehr vom Kapitalismus.

Trotz der großartigen Förderung, die das technische Zeitalter dem Kapitalismus verdankt, darf es nicht blind werden gegen die Gefahren, die von dieser Seite drohen: es muß rechtzeitig ein besseres System zur Durchführung bringen, das die Fehler des Kapitalismus vermeidet.

Der Rivale und Erbe des kapitalistischen Unternehmerstaates, der kommunistische Arbeiterstaat, übernimmt einen Teil der Fehler seines Vorgängers: denn auch in ihm herrscht eine Produzentengruppe, auch er ist ein Produzentenstaat.

Der Kulturstaat der Zukunft hingegen wird Konsumentenstaat sein: seine Produktion wird von den Konsumenten kontrolliert werden - nicht, wie heute, der Konsum durch die Produzenten. Es wird nicht dem Gewinn - sondern der allgemeinen Wohlfahrt und Kultur zuliebe produziert werden: nicht um der Produzenten, sondern um der Konsumenten willen.

Es ist die künftige Mission des Parlamentes, die übereinstimmenden Interessen aller Konsumenten zu vertreten und zu verteidigen gegen die divergierenden Interessen der Produzentengruppen, deren Sprachrohr heute noch die Abgeordneten und Parteien sind.

4. REVOLUTION UND TECHNIK

Der wirtschaftliche Umsturz, der die heutige Produktionsanarchie Europas zu neuer Ordnung um schaffen soll, darf seine produktive Mission nie vergessen und muß sich hüten, in die destruktiven Methoden Rußlands zu verfallen. Denn Europa ist durch seine Nordlage und Übervölkerung mehr als jeder andere Erdteil auf organisierte Arbeit und industrielle Produktion angewiesen. Es kann nicht einmal vorübergehend von den Almosen seiner geizigen Natur leben; alles, was es erreicht hat, verdankt es den Taten seiner Arbeitsarmee. Deren radikale Desorganisation durch Krieg oder Anarchie bedeutet den Kulturtod Europas: denn durch einen vorübergehenden Stillstand der europäischen Produktion müßten mindestens hundert Millionen Europäer verhungern; eine solche Katastrophe könnte Europa, dem die Widerstandskraft Rußlands fehlt, nicht überleben. - Die Ethik fordert vom kommenden Umsturz Europas, daß er das menschliche Leben schont und heiligt - die Technik fordert vom kommenden Umsturz Europas, daß er das menschliche Schaffen schont und heiligt.

Wer einen Menschen mutwillig tötet - frevelt am heiligen Geiste der Gemeinschaft; wer eine Maschine mutwillig zerstört - frevelt am heiligen Geiste der Arbeit. Dieses doppelten Frevels hat sich im höchsten Grade schuldig gemacht der Kapitalismus im Weltkriege, der Kommunismus in der russischen Revolution. Beide kannten weder Ehrfurcht vor menschlichem Leben noch vor menschlichem Schaffen.

Wenn Europa belehrbar ist, kann es von der russischen Revolution lernen, welche Methoden es nicht anwenden darf; denn an ihr hat es ein warnendes Beispiel für die Bedeutung der Technik und für die Rache, die sie an ihren Verächtern nimmt. Rußlands Machthaber wähnten, ihr Land und die Welt mit ethischen Zielen und militärischen Mitteln allein erlösen zu können - statt durch Arbeit und Technik. Sie haben die Industrie und Technik ihres Landes der Politik zum Opfer gebracht. Während sie aber nach den Sternen der Gleichheit griffen, verloren sie den Boden der Produktion unter ihren Füßen - und stürzten so in den Abgrund des Elends. Um sich aus diesem Abgrund, in dem

Rußlands Völker verkommen, zu retten, sehen sich die Kommunistenführer gezwungen, ihre kapitalistischen Todfeinde zu Hilfe zu rufen gegen die übermächtige russische Natur, die einst Napoleons große Armee zerschmettert hat und heute den Bolschewismus mit dem gleichen Verhängnis bedroht.

Folgt Europa dem destruktiven Beispiel der russischen Revolution, so riskiert es, statt zu einer neuen, nachkapitalistischen Ordnung durchzudringen, in die Primitivität vorkapitalistischer Barbarei zurückzusinken und gezwungen zu sein, noch einmal die kapitalistische Epoche zu durchleben. Seine Geistesklarheit möge es vor diesem tragischen Schicksal bewahren: sonst ergeht es ihm wie einem Patienten, der in der Narkose an Herzschwäche stirbt - während an ihm eine geniale Operation vollzogen wird. Denn der Herzschlag Europas ist die Technik: ohne Technik kann es nicht leben - auch unter der freiesten Verfassung. Bevor an die Güterverteilung geschritten werden kann, muß die Gütererzeugung gesichert werden: denn was nützt Gleichheit, Wenn alle verhungern? Und was schadet Ungleichheit, wenn niemand Not leidet?

Die europäische Revolution müßte ihre Produktion vervielfachen, statt sie zu vernichten - ihre Technik beleben, statt sie zu zerstören. Nur dann hätte sie Aussicht auf Erfolg und auf dauernde Verwirklichung ihrer ethischen Ideale.

Die technische Organisation und der Maschinenpark Europas bilden das Fundament seiner künftigen Kultur; versucht Europa, diesem Kulturbau das politische Dach aufzusetzen, bevor dessen technische Grundmauern stehen - stürzt der Bau zusammen und begräbt unter seinen Trümmern die leichtfertigen Baumeister mitsamt den bedauernswerten Bewohnern.

5. GEFAHREN DER TECHNIK

Wohin ethische Forderungen führen, wenn sie blind sind gegen technische Notwendigkeiten - hat der Verlauf der russischen Revolution gezeigt; wohin technische Fortschritte führen, wenn sie blind sind gegen ethische Notwendigkeiten - hat der Verlauf des Weltkrieges gezeigt.

Technik ohne Ethik muß ebenso zu Katastrophen führen, wie Ethik ohne Technik. Wenn Europa in ethischer Hinsicht keine Fortschritte macht, muß es aus einem Weltkriege in den anderen taumeln: diese werden um so fürchterlicher sein, je höher sich inzwischen die Technik entwickelt. Europas Zusammenbruch ist also unvermeidlich, wenn nicht sein ethischer Fortschritt Schritt hält mit dem technischen. Dennoch wäre es ebenso lächerlich und feige, wegen der Möglichkeit technischer Kulturkatastrophen die Technik als solche zu bekämpfen und zu verdammen - wie es lächerlich und feige wäre, wegen der Möglichkeit von Eisenbahnunfällen die Eisenbahn zu vermeiden und zu verpönen.

Während Europa den Arbeitsstaat ausbaut, darf es nie vergessen den Kulturstaat vorzubereiten. Die Träger der ethischen Entwicklung: Lehrer und Priester, Künstler und Schriftsteller - bereiten den Menschen auf den großen Festtag vor, der das Ziel der Technik ist. Ihre Bedeutung ist ebenso groß, wie die der Ingenieure, Chemiker, Ärzte: diese gestalten den Leib der kommenden Kultur - jene die Seele. Denn Technik ist der Leib, Ethik die Seele der Kultur. Hier liegt ihr Gegensatz - hier ihre Verwandtschaft.

Ethik lehrt den Menschen den rechten Gebrauch der Macht

und Freiheit, die ihm Technik gewährt. Ein Mißbrauch der Macht und Freiheit ist für den Menschen verhängnisvoller als Ohnmacht und Unfreiheit: durch die menschliche Bosheit könnte das Leben in der künftigen Periode der Muße noch schrecklicher werden als in der gegenwärtigen Periode der Zwangsarbeit. Von der Ethik hängt es ab, ob die Technik den Menschen in die Hölle führt oder in den Himmel. Die Maschine trägt einen Januskopf: geistvoll gehandhabt, wird sie Sklavin des Zukunftsmenschen sein und ihm Macht, Freiheit, Muße und Kultur sichern - geistlos gehandhabt, wird die Maschine den Menschen versklaven und ihm den Rest seiner Macht und Kultur rauben. Gelingt es nicht, die Maschine zu einem Organ des Menschen zu machen - so muß der Mensch zu einem Bestandteil der Maschine herabsinken.

Technik ohne Ethik ist praktischer Materialismus: er führt zum Untergang des Menschlichen im Menschen, und zu seiner Verwandlung in eine Maschine; er verleitet den Menschen, sich zu veräußerlichen und seine Seele an Dinge hinzugeben. Aller technische Fortschritt aber wird schädlich und wertlos, wenn der Mensch, indes er die Welt erobert, seine Seele verliert: dann wäre es besser, er wäre Tier geblieben.

Wie unter Kriegsvölkern Heere und Kriege notwendig waren zur Erhaltung der Freiheit und der Kultur - so sind in armen und übervölkerten Erdteilen Arbeit und Technik notwendig zur Erhaltung des Lebens und der Kultur. Die Armee muß aber politischen Zielen dienstbar bleiben - die Technik ethischen. Eine Technik, die sich von der Ethik emanzipiert und sich für einen Selbstzweck hält, ist ebenso verhängnisvoll für die Kultur, wie für einen Staat eine Armee, die sich von der Politik emanzipiert und sich für einen Selbstzweck hält: ein führerloser Industrialismus muß die Kultur ebenso in den Abgrund reißen - wie ein führerloser Militarismus den Staat.

Wie der Körper Organ der Seele ist, so muß sich die Technik der ethischen Führung unterwerfen; sie muß sich hüten, in den Irrtum zu verfallen, den die Kunst bei der Proklamierung des l'art pour l'art begangen hat; denn weder Kunst noch Technik, noch Wissenschaft, noch Politik sind Selbstzweck: sie alle sind nur Wege, die zum Menschen führen - zum starken, vollendeten Menschen. -

6. ROMANTIK DER ZUKUNFT

In harten und schweren Zeiten wächst die Sehnsucht und mit ihr die Romantik.

Auch unsere Zeit hat eine Romantik geboren: überall regt sich die Sehnsucht nach fremden, schöneren Welten, die uns hinweghelfen sollen über das graue Einerlei unserer Arbeitstage. Die Pflegestätten moderner Romantik: Kinos, Theater und Romane sind wie Fenster, aus denen die Zwangsarbeiter des europäischen Zuchthauses hinausblicken können ins Freie.

Die moderne Romantik hat vier Hauptformen:

Die Romantik der Vergangenheit, die uns zurückversetzt in buntere und freiere Epochen unserer Geschichte; die Romantik der Ferne, die uns den großen Osten und den wilden Westen erschließt; die Romantik des Okkulten, die eindringt in die verschlossenste Bezirke des Lebens und der Seele und den öden Alltag mit Wundern und Geheimnissen erfüllt; die Romantik der Zukunft, die den Menschen über das trostlose Heute hinwegtröstet durch den Ausblick auf ein goldenes Morgen.

Spengler, Kayserling und Steiner kommen dieser modernen Romantik entgegen; Spengler erschließt uns die Kulturen der Vergangenheit - Kaiserling die Kulturen der Ferne - Steiner das Reich des Okkulten. Die große Wirkung, die diese Männer auf das deutsche Geistesleben ausüben, ist teilweise zurückzuführen auf die romantische Sehnsucht des schwergeprüften deutschen Volkes, das in die Vergangenheit, in die Ferne und zum Himmel blickt, um dort Trost zu finden.

In die Vergangenheit, in die Ferne und ins Jenseits führt die Phantasie - in die Zukunft die Tat. Daher wirkt weder Historismus, noch Orientalismus, noch Okkultismus als die eigentlich treibende Kraft unserer Zeit - sondern die Romantik der Zukunft: sie hat die Idee des Zukunftsstaates geboren und damit die Weltbewegung des Sozialismus: sie hat die Idee des Übermenschen gezeugt und damit die Umwertung der Werte eingeleitet.

Marx, der Verkünder des Zukunftsstaates und Nietzsche, der Verkünder des Übermenschen sind beide Romantiker der Zukunft. Sie verlegen das Paradies weder in die Vergangenheit - noch in die Ferne - noch in das Jenseits: sondern in die Zukunft.

Marx predigt das kommende Weltreich der Arbeit - Nietzsche das kommende Weltreich der Kultur. Alles, was sich heute mit dem Ausbau des Arbeitsstaates befaßt, muß Stellung nehmen zum Sozialismus - alles, was sich heute mit der Vorbereitung des Kulturstaates befaßt, muß Stellung nehmen zum Übermenschen. Marx ist der Prophet des Morgen - Nietzsche der Prophet des Übermorgen.

Alle großen sozialen und geistigen Ereignisse im heutigen Europa knüpfen irgendwie an das Werk dieser beiden

Männer an: die soziale und politische Weltrevolution steht im Zeichen Marx'- die ethische und geistige Weltrevolution steht im Zeichen Nietzsches. Ohne diese beiden Männer wäre das Antlitz Europas ein anderes.

Marx und Nietzsche, die Verkünder des sozialen und des individualen Zukunftsideales, sind beide Europäer, Männer, Dynamiker. Aus der Fixierung ihrer Ideale in die Zukunft ergeben sich Wille und Notwendigkeit, sie durch Taten zu verwirklichen. Ihre dynamischen Ideale enthalten Forderungen: sie wollen den Menschen nicht nur belehren, sondern bezwingen; sie drehen seinen Blick nach vorwärts und wirken so als Umschöpfer der Gesellschaft und des Menschen. In ihrer Polarität spiegelt sich das Wesen des europäischen Geistes und die Zukunft des europäischen Schicksals.

Das höchste, letzte Ideal europäischer Zukunfts-romantik ist: nicht Abkehr - sondern Rückkehr zur Natur auf höherer Ebene. Im Dienste dieses Ideales steht die Kultur, die Ethik und die Technik. Nach hunderttausenden von Kriegsjahren soll der Mensch wieder Frieden schließen mit der Natur und heimkehren in ihr Reich; aber nicht als ihr Geschöpf - sondern als ihr Herr. Denn der Mensch steht im Begriffe, die Verfassung seines Planeten zu stürzen: gestern war sie anarchisch, morgen soll sie monarchisch werden. Eines unter den Milliarden Geschöpfen greift nach der Krone der Schöpfung: der freie, entfaltete Mensch als königlicher Gebieter der Erde.

PAZIFISMUS - 1924

Den toten, lebenden, kommenden
Helden des Friedens!

1. ZEHN JAHRE KRIEG

Der Friede, der vor zehn Jahren in Trümmer ging, ist bis heute nicht wiederhergestellt. Auf die fünfjährige Kriegsperiode folgte für Europa eine fünfjährige Halbkriegsperiode. In diese Periode fällt der russisch-polnische und der griechisch-türkische Krieg, die Ruhrbesetzung, die Kämpfe in Oberschlesien, Litauen, Westungarn, Fiume, Korfu, die Bürgerkriege in Deutschland, Italien, Spanien, Ungarn, Irland, Griechenland, Bulgarien und Albanien, das Umsichgreifen der politischen Morde und der Völkerverhetzung, der Zusammenbruch von Währungen und die Verarmung ganzer Völker.

Dieses schlimmste Jahrzehnt europäischer Geschichte seit der Völkerwanderung bildet eine schlimmere Anklage gegen den Krieg, als Pazifisten sie jemals vorbringen konnten und können: dennoch ist dieser Angeklagte weder an seiner Freiheit, noch an seiner Ehre, noch an seinem Leben bestraft worden, sondern läßt sich überall als Triumphator feiern, diktiert die europäische Politik und bereitet sich vor, von neuem über die Völker Europas herzufallen, um sie endgültig zu vernichten.

Denn es ist zweifellos, daß infolge der Fortschritte der Kriegstechnik, insbesondere der Giftfabrikation und der Aviatik, der nächste europäische Krieg diesen Erdteil nicht schwächen, sondern vernichten würde.

Zu dieser Gefahr, die ihn persönlich unmittelbar betrifft, muß jeder Europäer Stellung nehmen. Erscheint sie ihm unabwendbar, so bleibt als einzige logische Konsequenz die Auswanderung nach einem fremden Erdteil. Erscheint sie ihm abwendbar, so bleibt als Pflicht der Kampf gegen die Kriegsgefahr und deren Träger: die Pflicht zum Pazifismus.

Europäer zu bleiben, ist heute nicht nur ein Schicksal - sondern auch eine verantwortungsvolle Aufgabe, von deren Lösung die Zukunft aller und jedes Einzelnen abhängt.

* * *

Pazifismus ist heute in Europa die einzige Realpolitik. Wer von einem Kriege das Heil hofft, gibt sich romantischen Illusionen hin.

Die Mehrzahl der europäischen Politiker scheint dies zu erkennen und den Frieden zu wünschen - und mit ihnen die überwältigende Mehrzahl der Europäer.

Diese Tatsache kann den Pazifisten nicht beruhigen, der sich daran erinnert, daß dies auch 1914 der Fall war; auch damals wollten die meisten Staatsmänner und die Majorität der Europäer den Frieden: und dennoch brach, gegen ihren Willen, der Krieg aus. Dieser Kriegsausbruch erfolgte durch einen internationalen Staatsstreich der kriegsfreundlichen Minoritäten gegen die kriegsfeindlichen Majoritäten Europas.

Dieser Staatsstreich, von langer Hand vorbereitet, ergriff einen günstigen Anlaß, überrumpelte durch Lägen und Schlagworte die ahnungslosen Völker, deren Schicksal nun durch Jahre jenen Minoritäten preisgegeben blieb.

So kam es zum Weltkrieg durch die Entschlossenheit der Militaristen und die Schwäche der Pazifisten. Solange dieses Verhältnis bleibt, kann täglich ein neuer europäischer Krieg ausbrechen. Denn heute wie damals steht eine kleine aber tatkräftige Kriegsminorität einer großen aber energielosen Friedensmajorität gegenüber; sie spielt mit dem Krieg, statt ihn zu zerstampfen; sie besänftigt die Kriegshetzer, statt sie niederzuwerfen und schafft so die gleiche Lage wie 1914.

* * *

Der Pazifismus vergißt, daß ein Wolf stärker ist als tausend Schafe - und daß die zahl in der Politik wie in der Strategie nur dann entscheidet, wenn sie gut geführt und gut organisiert ist.

Dies ist der Pazifismus heute so wenig wie vor zehn Jahren: Wäre er dies schon damals gewesen, so wäre der Krieg nicht ausgebrochen; wäre er dies heute, so wäre Europa vor einem neuen Kriege sicher.

Die Ohnmacht des Pazifismus liegt heute wie damals darin, daß zwar sehr viele den Frieden wünschen, aber sehr wenige ihn wollen; daß viele den Krieg fürchten - aber nur wenige ihn bekämpfen.

2. KRITIK DES PAZIFISMUS

Die passive Kriegsschuld trifft den europäischen Pazifismus. Seine schlechte Führung, seine Schwäche und Charakterlosigkeit hat die Kriegshetzer ermutigt, den Krieg zu beginnen.

Die Anhänger des Friedensgedankens, die 1914 für ihr Ideal nicht rechtzeitig und nicht stark genug eingetreten sind, sind mitverantwortlich am Kriegsausbruch.

Wenn aber heute, nach dieser Erfahrung und Erkenntnis, ein Gegner des Krieges bei jener Passivität beharrt, so ladet er eine noch schwerere Schuld auf sich, indem er dem Zukunftskrieg indirekt Vorschub leistet.

Ein reicher Pazifist, der heute den Frieden nicht finanziert, ist ein halber Kriegshetzer.

Ein pazifistisch gesinnter Journalist, der heute den Frieden nicht propagiert - ist ebenfalls ein halber Kriegshetzer.

Ein Wähler, der aus innerpolitischen Motiven einen Kandidaten wählt, von dessen Friedenswillen er nicht überzeugt ist - unterschreibt damit sich und seinen Kindern ein halbes Todesurteil.

Die Pflicht jedes Pazifisten ist: im Rahmen seiner Möglichkeiten den drohenden Zukunftskrieg zu verhindern; tut er nichts nach dieser Richtung, so ist er entweder kein Pazifist oder pflichtvergessen.

* * *

Der Pazifismus hat aus dem Kriege nichts gelernt: er ist heute wesentlich der gleiche wie 1914. Wenn er seine Fehler nicht erkennt und sich nicht wandelt, wird der Militarismus auch in Zukunft über ihn hinwegschreiten. Die Hauptfehler des europäischen Pazifismus sind:

Der Pazifismus ist unpolitisch: unter seinen Führern sind zu viele Schwärmer, zu wenig Politiker. Darum baut der Pazifismus vielfach auf Illusionen, rechnet nicht mit gegebenen Tatsachen, nicht mit der menschlichen Schwäche, Unvernunft und Bosheit: so zieht er aus falschen Voraussetzungen falsche Schlüsse. Der Pazifismus ist uferlos; er versteht es nicht, seine Ziele zu beschränken; er erreicht nichts, weil er alles zugleich will.

Der Pazifismus ist weitsichtig; er ist vernünftig im Ziel— aber unvernünftig in den Mitteln. Er richtet sein Wollen auf die Zukunft - und überläßt die Gegenwart den Intriguen der Militaristen.

Der Pazifismus ist planlos: er will den Krieg verhindern, ohne ihn zu ersetzen; seinem negativen Ziel fehlt das positive Programm einer aktiven Weltpolitik. Der Pazifismus zersplittert; er hat Sekten, aber keine Kirche; seine Gruppen arbeiten isoliert, ohne einheitliche Führung und Organisation.

Der Pazifismus pflegt Anhängsel, statt Mittelpunkt politische Programme zu sein; ihr Mittelpunkt ist eine innerpolitische Einstellung, während ihr Pazifismus mehr taktisch als prinzipiell ist.

Der Pazifismus ist inkonsequent; er hält sich meist bereit, einem „höheren Ideal", das heißt einem geschickten Schlagwort gegenüber kritiklos zurückzutreten, wie er dies

1914 getan hat und auch künftig zu tun bereit wäre.

* * *

Das größte Übel des Pazifismus sind die Pazifisten. Daran ändert auch die Tatsache nichts, daß sich unter ihnen die besten und bedeutendsten Männer unserer Zeit finden. Diese sind von der folgenden Kritik ausgenommen.

Die meisten Pazifisten sind Phantasten, welche die Politik und deren Mittel verachten, statt sie zu betreiben; darum werden sie, sehr zum Schaden ihres Zieles, politisch nicht ernst genommen.

Viele Pazifisten glauben, die Welt durch Predigen zu ändern - statt durch Handeln: sie kompromittieren den politischen Pazifismus, indem sie ihn mit religiösen und methaphysischen Spekulationen durchsetzen.

Meist ist die Furcht vor dem Kriege die Mutter des Pazifismus. Erstreckt sich diese Furcht vor der Gefahr auch auf das sonstige Leben der Pazifisten, so verhindert es sie, sich für den Friedensgedanken zu exponieren.

Die Tapferkeit und Opferwilligkeit der Pazifisten ist seltener als die der Militaristen; viele erkennen die Kriegsgefahr - aber wenige bringen persönliche oder materielle Opfer, um sie abzuwenden. Statt Kämpfer- sind sie Drückeberger des Pazifismus, die anderen den Kampf überlassen, an dessen Früchten sie teilnehmen.

Viele Pazifisten sind sanfte Naturen, die nicht nur den Krieg scheuen - sondern auch den Kampf gegen den Krieg; ihr Herz ist rein, aber ihr Wille schwach und daher ihr Kampfwert illusorisch.

Die meisten Pazifisten sind überzeugungsschwach - wie die meisten Menschen; unfähig, einer Massensuggestion im entscheidenden Augenblick zu trotzen - sind sie Pazifisten im Frieden, Militaristen im Kriege. Nur eine feste Organisation, geführt von einem starken Willen, kann sie dauernd in den Dienst des Friedens zwingen.

3. RELIGIÖSER UND POLITISCHER PAZIFISMUS

Der religiöse Pazifismus bekämpft den Krieg, unsittlich - der politische Pazifismus, weil er unrentabel ist.

Der religiöse Pazifismus sieht im Krieg ein Verbrechen - der politische Pazifismus eine Dummheit.

Der religiöse Pazifismus will den Krieg abschaffen durch Änderung des Menschen - der politische Pazifismus will den Krieg verhindern durch Änderungen der Verhältnisse.

Beide Formen des Pazifismus sind gut und berechtigt: gesondert dienen sie dem menschlichen Frieden und Fortschritt; nur im ihrer Vermischung schaden sie einander mehr, als sie einander nützen. Hingegen sollen sie einander bewusst unterstützen: es ist also selbstverständlich, dass der politische Pazifist sich auch ehtischer Argumente bedient, um die Werbekraft seiner Propaganda zu stärken; und dass der religiöse Pazifist im Entscheidungsfall die pazifistische Politik unterstützen wird - statt der militaristischen.

* * *

In seinen Methoden muß sich aber der praktische Pazifismus vom ethischen Pazifismus emanzipieren: sonst bleibt er unfähig, den Kampf gegen den Militarismus erfolgreich zu führen. In der Politik haben sich die machiavellistischen Methoden des Militarismus besser bewährt als die tolstoischen Methoden des Pazifismus, der infolgedessen 1914 und 1919 kapitulieren mußte. Will künftig der Pazifismus siegen, so muß er, von seinen Gegnern lernen und seine tolstoischen Ziele mit machiavellistischen Mitteln verfolgen: er muß von Räubern lernen, wie man mit Räubern umgeht. Denn wer unter Räubern im Sinne der Gewaltlosigkeit seine Waffe wegwirft, hilft damit nur den Räubern, nur der Gewalt, nur dem Unrecht. Darum muß der politische Pazifist die Tatsache anerkennen, daß in der Tagespolitik die Gewaltlosigkeit der Gewalt nicht gewachsen ist; daß nur der auf Gewalt verzichten kann, der, wie einst das Christentum, mit Jahrhunderten rechnet. Das kann aber Europa nicht: siegt hier der Friede nicht bald, so werden in 300 Jahren nur noch chinesische Archäologen seine Kirchhofsruhe stören. Es genügt also nicht, daß der europaische Friede siegt: siegt er nicht bald, ist sein Sieg illusorisch.

* * *

Wer ein Spiel erfolgreich spielen will, muß sich den Spielregeln unterwerfen. Die Spielregeln der Politik sind: List und Gewalt.

Will der Pazifismus in die Politik praktisch eingreifen, so muß er sich dieser Mittel zur Bekämpfung des Militarismus bedienen. Erst nach seinem Siege könnte er die Spielregeln ändern und Recht an die Stelle von Macht setzen.

Solange jedoch in der Politik Macht vor Recht geht, muß der Pazifismus sich auf Macht stützen. Überläßt er die Macht den Kriegsfreunden, während er sich selbst nur auf sein gutes Recht stützt - so leistet er, als Prinzipienreiterei, nur dem Zukunftskriege Vorschub.

Ein Politiker, der keine Gewalt anwenden will, gleicht einem Chirurgen, der nicht schneiden will: hier wie dort kommt es darauf an, das richtige Maß zu finden zwischen zu viel und zu wenig: sonst stirbt der Patient, statt zu genesen.

Politik ist die Lehre von der Eroberung und dem richtigen Gebrauch der Macht. Der innere Frieden aller Länder wird aufrechterhalten durch Recht und Gewalt: Recht ohne Gewalt müßte sofort zu Chaos und Anarchie führen, also zur schlimmsten Form der Gewalt.

Das gleiche Schicksal droht dem internationalen Frieden - wenn sein Recht keine Stütze in einer internationalen Machtorganisation findet.

Der Pazifismus als politisches Programm darf also keinesfalls die Gewalt ablehnen: nur muß er sie gegen den Krieg einsetzen - statt für den Krieg.

* * *

Das Mißtrauen der friedliebenden Massen in die politische Führung der Pazifisten, das scheinbar paradox ist, erklärt sich daraus, daß die meisten Pazifisten das ABC der Politik nicht beherrschen. Denn wie wir in einem Prozeß unsere Vertretung lieber einem geschickten Anwalt anvertrauen, als einem ungeschickten - auch wenn dieser noch so gütig ist: so legen auch die Völker ihr Schicksal lieber in geschickte, als in gütige Hände.

Die Pazifisten werden erst dann das politische Vertrauen der Massen erobern, wenn sie, nach den Worten der Bibel, nicht nur sanft sind wie die Tauben - sondern auch klug wie die Schlangen; wenn sie nicht nur edler in den Zielen - sondern auch geschickter in den Mitteln sind, als ihre militaristischen Rivalen.

4. REFORM DES PAZIFISMUS

Die neue Zeit fordert einen neuen Pazifismus. Staatsmänner sollen an seine Spitze treten, statt Träumer; Kämpfer sollen seine Reihen füllen, statt Nörgler!

Nur ein staatskluger Pazifismus kann die Massen überzeugen, nur ein heroischer Pazifismus kann sie hinreißen!

Die neuen Pazifisten sollen Optimisten des Willens sein - aber Pessimisten der Erkenntnis. Sie sollen die Gefahren, die dem Frieden drohen, weder übersehen noch übertreiben - sondern: bekämpfen. Die Behauptung: „Ein neuer Krieg ist unmöglich." ist ebenso falsch wie die Behauptung: „Ein neuer Krieg ist unvermeidlich." Ob die Kriegsmöglichkeit sich in Kriegswirklichkeit verwandeln wird oder nicht, hängt in erster Linie von der Tatkraft und Umsicht der Pazifisten ab. Denn Krieg und Frieden sind keine Naturereignisse - sondern Menschenwerk.

Darum muß der Pazifist dem Frieden gegenüber folgenden Standpunkt einnehmen: „Der Friede ist bedroht; Der Friede ist möglich; Der Friede ist wünschenswert: Schaffen wir also den Frieden!"

* * *

Der neue Pazifismus muß seine Ziele beschränken, um sie zu erreichen und nur das fordern, was er entschlossen ist, durchzusetzen. Denn das Reich des Friedens läßt sich nur schrittweise erobern und ein Schritt vorwärts in der Wirklichkeit gilt mehr als tausend Schritte in der Phantasie.

Uferlose Programme locken nur Phantasten—während sie Politiker abstoßen: ein Politiker kann aber für den Frieden mehr tun, als tausend Phantasten!

* * *

Die Pazifisten aller Nationen, Parteien und Weltanschauungen müssen in der internationalen Politik eine Phalanx bilden mit einheitlicher Führung und gemeinsamen Symbolen.

Eine Fusion so vieler divergierender Gruppen ist unmöglich und unzweckmäßig - aber ihre Kooperation ist möglich und notwendig.

Der Pazifismus muß von jedem Politiker Klarheit fordern über seine Stellung zu Krieg und Frieden. In dieser Lebensfrage hat jeder Wähler ein Recht, den Standpunkt seines Kandidaten genau zu kennen, zu wissen, unter welchen präzisen Umständen dieser für den Krieg stimmen würde und welche Mittel er anwenden will, um den Krieg zu verhindern.

Nur wenn die Wähler auf diese weise in die Außenpolitik eingreifen, statt sich wie bisher mit Phrasen und Schlagwörtern abspeisen zu lassen - könnten die Parlamente zu Spiegelbildern des Friedenswillen werden, der die Massen der Arbeiter, Bauern und Bürger aller Nationen beseelt.

* * *

Der neue Pazifismus muß vor allem auch die Pazifisten reformieren.

Der Pazifismus kann nur siegen, wenn die Pazifisten bereit sind, im Kampf um den Frieden Opfer zu bringen an Ehre, Geld und Leben; wenn die zahlkräftigen Pazifisten zahlen - die tatkräftigen handeln.

Solange die Massen in den Militaristen, die täglich bereit sind, ihr Leben für ihr Ideal hinzugeben, Helden sehen - in den Pazifisten aber Schwächlinge und Feiglinge, wird die Begeisterung für den Krieg stärker sein, als die Begeisterung für den Frieden.

Denn die Überzeugungskraft liegt in den Dingen - die Begeisterungskraft aber in den Menschen. Diese Kraft, zu begeistern, wird um so stärker sein, je mehr die Pazifisten Kämpfer, Apostel, Helden und Märtyrer ihrer Idee werden - statt deren Anwälte und Nutznießer.

5. WELTFRIEDEN UND EUROPAFRIEDEN

Die Ziele des religiösen Pazifismus sind absolut und einfach - die Ziele des politischen Pazifismus relativ und vielfältig. Jedes politische Problem fordert eine besondere Stellungnahme des Pazifismus.

Es gibt drei Haupttypen des Krieges: der Angriffs-Verteidigungs - und Befreiungskrieg.

Alle Pazifisten sind Gegner des Eroberungskrieges; der Weg zu seiner Bekämpfung ist klar vorgezeichnet: gegenseitige Versicherung von Staaten zu gemeinsamen Abwehr des Friedensbrechers. Eine solche Organisation, wie sie heute der Völkerbund im Garantiepakt plant, wird in Zukunft die Völker vor Eroberungskriegen schützen und ihnen zugleich individuelle Verteidigungsaktionen ersparen.

Viel schwieriger ist das Problem des Befreiungskrieges. Denn dieser ist in der Form ein Angriffskrieg - im Wesen aber ein Verteidigungskrieg gegen eine erstarrte Eroberung. Ein Pazifismus, der Befreiungskriege unmöglich macht, ergreift damit die Partei der Unterdrücker. Anderseits wäre die internationale Legitimierung des Befreiungskrieges ein Freibrief für Eroberungskriege.

Denn die Befreiung unterdrückter Völker und Klassen bildet den beliebtesten Vorwand aller Eroberungskriege; und da es überall Völker, Volkssplitter, Rassen und Klassen gibt, die sich unterdrückt fühlen oder es wirklich sind, wäre heute ein Pazifismus, der den Befreiungskrieg gestattet, praktisch illusorisch.

Zwei Theorien stehen sich also hier gegenüber: der konservative Pazifismus saturierte Völker, deren Ziel die Bekämpfung jedes Friedensbrechers, die Erhaltung des Status quo und der gegenwärtigen Herrschaftsverhältnisse ist - und der revolutionäre Pazifismus, dessen Ziel ein letzter Weltkrieg zur Befreiung aller unterdrückten Klassen, Völker und Rassen und damit die Vernichtung jeder künftigen Kriegsursache und die Begründung - der pazifistischen Weltrepublik ist.

Der konservative Pazifismus hat seine Zentrale im Genfer Völkerbund - der revolutionäre in der Moskauer Internationale.

* * *

Der Genfer Pazifismus will heute den Frieden erhalten, ohne die Konfliktstoffe zu beseitigen, die zu einem Zukunftskrieg zu führen drohen; der Moskauer Pazifismus will die internationale Explosion beschleunigen, um wenigstens für die Zukunft ein gesichertes Friedensreich zu errichten.

Es ist zu fürchten, daß Genf zu schwach sein wird, um den Frieden zu erhalten - und Moskau zu schwach, ihn zu errichten. Darum bedrohen beide Tendenzen in ihrem Radikalismus den Weltfrieden.

Ein teilweiser Ausweg aus diesem Dilemma ist ein evolutionärer Pazifismus, dessen Ziel ein schrittweiser Abbau der nationalen und sozialen Unterdrückung bei gleichzeitiger Aufrechterhaltung des Friedens ist. Dieser Pazifismus, der wie ein schmales Seil über einen doppelten Abgrund führt, erfordert das höchste politische Geschick der Führer und ein großes politisches Verständnis der

Völker. Dennoch muß er von allen versucht werden, die ehrlich den Frieden wollen.

* * *

Die beiden schwierigsten Friedensprobleme der Zukunft sind: das indische und das australische Problem. In der indischen Frage (die ein Spezial-fall der allgemeinen Kolonialfrage ist) stehen sich der Wille der indischen Kulturnation zur politischen Unabhängigkeit und der Wille Großbritanniens, es in seinem Staatsverbande zu halten, scheinbar unversöhnlich gegenüber. Diese Lage reizt die asiatischen (und halbasiatischen) Völker, sich eines Tages mit Indien zu einem großen Befreiungskampfe zu vereinigen.

Die australische Frage (die ein Spezialfall der pazifischen Einwanderungsfrage ist) dreht sich um die Aussperrung der Mongolen aus den angelsächsischen Siedlungsgebieten. Der starke Bevölkerungszuwachs der Mongolen steht in keinem Verhältnis zu ihrem Mangel an Siedlungsgebieten und droht eines Tages zu einer Explosion im pazifischen Ozean zu führen, wenn ihnen kein Ventil geöffnet wird. Anderseits wissen die weißen Australier, daß eine Zulassung der Mongolen sie binnen kurzem in die Minorität drängen würde. Welche Lösung dieses Problem finden wird, wenn einst China ebenso gerüstet sein wird wie Japan, ist unbestimmt.

Die friedliche Lösung dieser Weltprobleme bildet eine sehr schwierige Aufgabe der britischen, asiatischen und australischen Pazifisten.

Die europäischen Pazifisten jedoch müssen klar erkennen, daß eine kriegerische Lösung dieser Fragen wahrscheinlicher ist als eine friedliche, daß ihnen aber die Macht und der Einfluß fehlt, diese drohenden Kriege zu verhindern.

* * *

Diese Erkenntnis klärt die Mission des europäischen Pazifismus: er hat nicht die Macht, den Erdball zu pazifizieren - wohl aber hat er die Macht, Europa den Dauerfrieden zu schenken, indem er die europäische Frage löst und seinen Erdteil davor bewahrt, in jene asiatische und pazifische Zukunftskonflikte verwickelt zu werden. Infolgedessen muß der politische Pazifismus Europas seine Ziele beschränken und unterscheiden lernen, was er nur wünschen - und was er auch erreichen kann. Ohne seine Kräfte zu überspannen, muß er zunächst in seinem eigenen Erdteil um den Dauerfrieden ringen und es den Amerikanern, Briten, Russen und Asiaten überlassen, in den ihnen zugefallenen Weltteilen den Frieden zu erhalten. Dabei müssen aber alle Pazifisten der Welt miteinander in ständiger Fühlung bleiben, da viele Probleme (vor allem die Abrüstung), nur international zu lösen sind, und da der internationale Pazifismus versuchen muß, Konflikte zwischen jenen Weltkomplexen zu vermeiden und zu schlichten.

Im Verhältnis zu jenen ostasiatischen Kriegsgefahren sind die europäischen Friedensprobleme relativ leicht zu lösen. Kein unüberwindliches Hindernis steht dem europäischen Frieden im Weg. Bei einem europäischen Kriege könnte niemand etwas gewinnen aber alle alles verlieren. Der Sieger würde tödlich verwundet - der Besiegte vernichtet aus diesem Massenmorden hervorgehen.

Deshalb könnte ein neuer europäischer Krieg nur entstehen

durch ein Verbrechen der Militaristen, durch den Leichtsinn der Pazifisten und die Dummheit der Politiker.

Er kann verhindert werden, wenn in jedem Lande die Kriegshetzer in Schach gehalten werden, die Pazifisten ihre Pflicht erfüllen und die Staatsmänner die Interessen ihrer Völker wahren.

* * *

Die Sicherung des Friedens in Europa, das heute zum Balkan der Welt geworden ist, bildet einen wesentlichen Schritt vorwärts zum Weltfrieden. Wie der Weltkrieg von Europa seinen Ausgang nahm - so könnte vielleicht auch der Weltfrieden einst von Europa seinen Ausgang nehmen.

Keinesfalls ist an einen Weltfrieden zu denken, bevor nicht der europäische Frieden in einem stabilen System verankert ist.

6. REALPOLITISCHES FRIEDENSPROGRAM

Die europäische Kriegsgefahr gliedert sich in zwei Gruppen: die erste ist in der nationalen Unterdrückung begründet - die zweite in der sozialen. Heute bedrohend die Grenzfragen und die russische Frage den europäische Frieden.

Das Wesen der Grenzfrage ist, daß die meisten europäischen Staaten und Völker mit ihren derzeitigen Grenzen unzufrieden sind, da sie den nationalen, wirtschaftlichen oder strategischen Forderungen der Nationalisten nicht entsprechen. Eine friedliche Änderung der heutige Grenzen ist bei deren gegenwärtigen Bedeutung unmöglich: daher bereiten die Nationalisten jener unzufriedenen Staaten eine gewaltsame Grenzänderung durch einen neuen Krieg vor und zwingen ihre Nachbarn zu Rüstungen.

Die russische Frage wurzelt heute in der Tatsache, daß an der offenen Ostgrenze Europas eine Weltmacht steht, deren Führer es als ihr Ziel bekennen, das bestehende System in Europa gewaltsam zu stürzen. Um dieses Ziel zu erreichen, unterstützen sie die soziale Irredenta Europas mit Geld und hoffen bald in die Lage zu kommen, diesen Propagandageldern beim Ausbruch der europäischen Revolution Sowjettruppen nachsenden zu können.

Aus prinzipiellen Gründen ist Rußland Gegner des heutigen Pazifismus, bekennt sich zu militaristischen Methoden und organisiert eine starke Armee, um mit deren Hilfe die Weltkarte, wenigstens in Europa und Asien, gründlich zu ändern. Sobald diese Armee stark genug sein wird, wird sie zweifellos gegen Westen marschieren.

***

Diese beiden Probleme, die sich an einzelnen Punkten (Bessarabien, Ostgalizien) begegnen, bedrohen täglich den Frieden Europas. Jeder europäische Pazifist muß sich mit ihnen auseinandersetzen und versuchen, sie abzuwenden.

Das Pan-Europa-Programm[3]) ist der einzige Weg, diese beiden drohenden Kriege mit realpolitischen Mitteln zu verhindern und den europäischen Frieden zu sichern. Sein Ziel ist:

1. Sicherung des innereuropäischen Friedens durch paneuropäischen Schiedsvertrag, Garantiepakt, Zollbund und Minoritätenschutz.
2. Sicherung des Friedens mit Rußland durch ein paneuropäisches Defensivbündnis, durch gegenseitige Anerkennung, Nichteinmischung und Grenzgarantie, gemeinsame Abrüstung und wirtschaftliche Zusammenarbeit, sowie durch Abbau der sozialen Unterdrückung.
3. Sicherung des Friedens mit Britannien, Amerika und Ostasien durch obligatorische Schiedsverträge und regionale Völkerbundsreform.

***

Das Pan-Europa-Programm ist die einzig mögliche Lösung des europäischen Grenzproblems. Denn die Unvereinbarkeit aller nationalen Aspirationen, sowie die Spannung zwischen den geographisch-strategischen,

---

[3] Siehe: „*Pan-Europa*" von R. N. Coudenhove-Kalergi (Pan-Europa-Verlag, Wien).

historisch-wirtschaftlichen und nationalen Grenzen in Europa macht eine gerechte Grenzführung unmöglich. Eine Veränderung der Grenzen würde alte Ungerechtigkeiten beseitigen, aber neue an deren Stelle setzen.

Darum ist eine Lösung des europäischen Grenzproblems nur durch dessen Ausschaltung möglich. Die beiden Elemente dieser Lösung sind:

A Das konservative Element des territorialen Status quo, das die bestehenden Grenzen stabilisiert und so den drohenden Krieg verhindert;
B das revolutionäre Element der allmählichen Beseitigung der Grenzen in strategischer, wirtschaftlicher und nationaler Hinsicht, das die Keime künftiger Kriege zerstört.

Diese Sicherung der Grenzen, verbunden mit deren Abbau, bewahrt die formale Gliederung Europas, während sie deren Wesen ändert.

So sichert sie zugleich den gegenwärtigen und künftigen Frieden, die wirtschaftliche und die nationale Entfaltung Europas.

* * *

Die andere europäische Kriegsgefahr ist die russische. Die russische Militarisierung entspringt einerseits der Furcht vor einer antibolschewistischen Invasion, die durch Europa unterstützt würde - andererseits dem Willen, im Zeichen der sozialen Befreiung einen Angriffskrieg gegen Europa zu führen.

Darum muss es das Ziel des europäischen Pazifismus sein

zu gleich Rußland vor einem europäischen und Europa vor einem russischen Angriff zu sichern. Das erste ist nur durch ehrliche Friedenswillen möglich - das zweite durch militärische Überlegenheit. Diese militärische Überlegenheit kann Europa ohne Steigerung seiner Rüstungen sofort erreichen durch ein paneuropäisches Defensivbündnis.

Der europäische Pazifismus darf aber diese militärische Übermacht nicht in ein Wettrüsten ausarten lassen, sondern muß sie zur Basis einer russisch-europäischen Abrüstung und Verständigung machen.

* * *

Europa hat nicht die Möglichkeit, die politische Einstellung der russischen Machthaber, deren System expansiv ist, zu ändern. Da es dieselben zum Frieden nicht überreden kann, muß es sie zum Frieden zwingen. Wenn ein Nachbar friedlich orientiert ist, der andere kriegerisch, so fordert der Pazifismus, daß die militärische Überlegenheit auf Seiten des Friedens steht. Eine Umkehr dieses Verhältnisses bedeutet den Krieg.

Es ist ein Irrwahn vieler Pazifisten, in der eigenen Rüstungsbeschränkung den sicheren Weg zum Frieden zu sehen. Unter Umständen fordert der Friede Abrüstung - unter anderen Umständen aber Rüstung. Hätten beispielsweise England und Belgien 1914 über starke Armeen verfügt, so hätte der englische Vermittlungsvorschlag unmittelbar vor der Katastrophe mehr Aussicht auf Annahme gehabt.

Wenn sich heute etwa ein Volk aus Pazifismus zur Kriegsdienstweigerung bekennt, während sein Nachbar auf die Gelegenheit lauert, es zu überfallen, so fördert es nicht den Frieden, sondern den Krieg.

Wenn ein anderes Volk zur Sicherung seines Friedens seine Rüstungen steigert und dadurch einen friedlichen Nachbarn zum wettrüsten provoziert - so fördert es auch nicht den Frieden, sondern den Krieg.

Jedes Friedensproblem fordert eine individuelle Behandlung. Darum kann Europa heute nicht die gleichen Friedensmethoden gegenüber England und Rußland anwenden.

Der Friede mit England, dessen Politik stabil und pazifistisch ist, läßt sich auf Verträge stützen - der Friede mit Rußland, das sich in einer Revolution befindet und seine Kriegspläne gegen das europäische System nicht verleugnet, bedarf militärischer Sicherungen.

Es wäre ebenso unpolitisch und unpazifistisch, sich den Sowjets gegenüber auf Verträge zu verlassen - wie England gegenüber auf die Flotte. Hingegen muß der europäische Pazifismus jederzeit bereit sein, einem pazifistischen Rußland, das abrüstet und auf seine Interventionspläne ehrlich verzichtet, ebenso gegenüberzutreten, wie dem pazifistischen England.

* * *

Europas Pazifisten dürfen aber nie vergessen, daß Rußland im Namen der sozialen Befreiung rüstet und daß Millionen Europäer eine russische Invasion als Befreiungskrieg auffassen würden. Dieser Krieg wird um so drohender, je mehr diese Überzeugung in den Massen Europas um sich greift.

Wie die nationalen Kriegsgefahren dauernd nur gebannt werden können durch einen Abbau der nationalen Unterdrückung, kann diese soziale Kriegsgefahr nur gebannt werden durch Abbau der sozialen Unterdrückung.

Die soziale Irredenta Europas wird erst dann von der Moskauer Internationale abfallen, wenn ihr der praktische Beweis erbracht wird, daß die Lage und die Zukunft der Arbeiterschaft in den demokratischen Ländern eine bessere ist als in den sowjetischen. Gelingt dem Kommunismus der Gegenbeweiss, so kann keine Außenpolitik Europa vor der Revolution und dem Anschluß an Sowjetrußland bewahren.

* * *

Hier zeigt sich die enge Verbindung zwischen Innen und Außenpolitik, zwischen Freiheit und Frieden. Da jede Unterdrückung, ob sie nun national oder sozial ist, den Keim eines Krieges in sich birgt, bildet der Kampf gegen die Unterdrückung einen wesentlichen Bestandteil des Kampfes um den Frieden.

Jede Unterdrückung zwingt die Unterdrücker zur Aufrechterhaltung einer Militärmacht, die Unterdrückten und deren Verbündete aber zur Kriegshetze. Umgekehrt gibt eine Kriegs- und Rüstungspolitik den staatlichen Machthabern das stärkste Instrument zur innerpolitischen Unterdrückung in die Hand: die Armee. Darum wird der europäische und der Weltfriede erst dann endgültig gesichert sein, wenn die Religionen, Nationen und Klassen aufhören werden, sich unterdrückt zu fühlen.

Das ist der Grund, weshalb friedliche Außenpolitik Hand in Hand geht mit freiheitlicher Innenpolitik - Kriegspolitik nach außen aber mit Unterdrückung nach innen.

7. FÖRDERUNG DES FRIEDENSGEDANKENS

Neben der Erkämpfung seines außenpolitischen Friedensprogrammes soll der Pazifist keine Gelegenheit versäumen, die internationale Zusammenarbeit und Verständigung zu fördern.

Dies bestimmt die Einstellung des Pazifismus zum Völkerbund.

Der heutige Völkerbund ist als Friedensinstitution sehr unvollkommen; er ist, vor allem, schwer belastet durch die Erbschaft des Krieges, der ihn geboren hat. Er ist schwach, ungegliedert, unzuverläßlich; außerdem ist er ein Torso, so lange die Vereinigten Staaten, Deutschland und Rußland ihm fernbleiben. Dennoch ist der Genfer Völkerbund der erste Entwurf zu einer internationalen Staatenorganisation der Welt, die an die Stelle der bisherigen Staatenanarchie treten soll.

Er hat den unermeßliche Vorteil der Existenz gegenüber allen besseren Institutionen, die nur Projekte sind.

Darum muß jeder Pazifist den schwachen, gebrechlichen, embryonalen Völkerbund unterstützen: er soll ihn kritisieren aber nicht bekämpfen; an seiner Umgestaltung arbeiten - aber nicht an seiner Zerstörung.

* * *

Jeder Pazifist soll dazu beitragen, den dummen Völkerhaß zu beseitigen, der allen schadet und keinem nützt. Dies kann er am besten durch Verbreitung der Wahrheit und durch

Bekämpfung der böswilligen und ungebildeten Völkerverhetzung.

Denn eine Hauptursache des nationalen Hasses ist, daß die Völker einander nicht kennen und nach den Äußerungen einer chauvinistischen Presse und Literatur nur in Zerrbildern sehen. Um diese Entstellungen zu bekämpfen, soll der Pazifismus eine aufklärende Volksliteratur schaffen, Übersetzungen fördern, ebenso den Austausch von Professoren, Lehrern, Studenten und Kindern. Durch internationale Vereinbarung soll die chauvinistische Hetze gegen fremde Nationen in Schule und Presse rücksichtslos bekämpft werden.

Zur Förderung des Friedensgedankens und zur Bekämpfung der Kriegshetze sollten in allen Staaten Friedensministerien entstehen, die, in ständigem Kontakt miteinander und mit allen pazifistischen Organisationen des In- und Auslandes, der internationalen Versöhnung dienen.

* * *

Eine der wesentlichsten Aufgaben des Pazifismus ist die Einführung einer internationalen Verständigungssprache. Denn, bevor die Völker miteinander reden können, läßt sich schwer von ihnen verlangen, daß sie einander verstehen.

Ein internationale Verkehrssprache hätte den Zweck, daß daheim jeder Mensch seine Muttersprache spricht, während er sich im Umgang mit Angehörigen fremder Nationen der Verständigungssprache bedient. So brauchte jeder Mensch, der seine Heimat verläßt, nur die eine Verständigungssprache zu beherrschen, während er heute im Ausland mehrerer Sprachen bedarf. Als internationale Verkehrssprache kommen nur Esperanto und Englisch in

Frage. Welche dieser beiden Sprachen für den internationalen Verkehr gewählt wird, ist belanglos neben der Forderung, daß sich die Welt auf eine dieser beiden Sprachen einigt.

Die englische Sprache hat gegenüber Esperanto den großen Vorteil, daß sie in Australien, in halb Asien, Afrika und Amerika sowie in großen Teilen Europas bereits die Rolle einer internationalen Verkehrssprache übernommen hat, so daß in diesen Gebieten ihre offizielle Einführung nur die Sanktion einer bestehenden Übung wäre. Dann kommt, daß sie in ihrer Zwischenstellung zwischen den germanischen und romanischen Sprachen für Germanen wie für Romanen leicht erlernbar ist, ebenso für Slawen, die bereits eine germanische oder romanische Sprache beherrschen. Außerdem ist Englisch die Sprache der beiden mächtigsten Reiche der Erde und die verbreitetste Muttersprache der weißen Menschheit.

Die Einführung der internationalen Hilfssprache könnte durch einen Vorschlag des Völkerbundes erfolgen, sie zunächst in allen Mittelschulen und Lehrerbildungsanstalten der Welt obligatorisch einzuführen und nach einem Jahrzehnt auch in den Volksschulen.

* * *

Die Verbreitung der Aufklärung und der Kampf gegen die menschliche Unwissenheit birgt raschere Aussichten auf Erfolg der Friedenspropaganda in sich, als die Verbreitung der Humanität und der Kampf gegen die Bosheit.

Denn menschliche Überzeugungen wandeln sich rascher als menschliche Instinkte. Und die Friedensbewegung hätte es, wenigstens in Europa, gar nicht nötig, an das menschliche Herz zu appelieren - wenn sie sich einigermaßen auf den menschlichen Verstand verlassen könnte.

Wie die Aufklärung mit Hexenverbrennungen, Folter und Sklaverei fertig geworden ist - so wird sie eines Tages auch mit dem Kriege, jenem Überbleibsel aus einem barbarischen Zeitalter der Menschheit, fertig werden.

Wann dies geschehen wird, ist unbestimmt; daß dies geschehen wird, bestimmt. Das Tempo hängt von den Pazifisten ab. Daß die Menschen nach hunderttausenden von Jahren endlich fliegen gelernt haben, war viel wunderbarer und unwahrscheinlicher, als daß sie eines Tages lernen werden, in Frieden miteinander zu leben.

8. FRIEDENSPROPAGANDA

Die Friedenspropaganda ist die notwendige Ergänzung der Friedenspolitik: denn die pazifistische Politik ist kurzfristig - die pazifistische Propaganda langfristig.

Die Friedenspropaganda allein ist unfähig, den unmittelbar drohenden Krieg zu verhindern, da sie zu ihrer Auswirkung mindestens zweier Generationen bedarf; die Friedenspolitik allein ist unfähig, den Dauerfrieden zu sichern, da bei der raschen Entwicklung unseres Zeitalters der Wirkungskreis der Politik kaum über zwei Generationen reicht.

Die Friedenspolitik kann bestenfalls durch großes Geschick ein pazifistisches Provisorium schaffen, um der Friedenspropaganda indessen die Möglichkeit zu bieten, die Völker moralisch abzurüsten und sie davon zu überzeugen, daß der Krieg ein barbarisches, unpraktisches und veraltetes Mittel zur Austragung internationaler Differenzen ist.

Denn, so lange sich diese Erkenntnis nicht international durchgesetzt hat und so lange es Völker gibt, die den Krieg für das geeignetste Mittel zur Durchsetzung ihrer politischen Ziele betrachten, kann sich der Friede nicht auf Abrüstung stützen, sondern nur auf die militärische Überlegenheit der Pazifisten.

Völlige Abrüstung ist erst nach dem Siege des Friedensgedankens möglich - so wie die Abschaffung der Polizei erst möglich wäre nach dem Aussterben des Verbrechertums: sonst führt die Abschaffung der Polizei zur Diktatur des Verbrechens - die Abschaffung der Armee zur Diktatur des Krieges.

* * *

Die pazifistische Propaganda richtet sich gegen die Kriegsinstinkte, Kriegsinteressen und Kriegsideale. Der Kampf gegen die Kriegsinstinkte muß geführt werden durch deren Schwächung und Ablenkung sowie durch Stärkung der Gegeninstinkte.

Vor allem gilt es die Völker des Krieges zu entwöhnen und so ihre Kriegsinstinkte absterben zu lassen, wie Raucher, Trinker und Morphinisten ihre Neigungen durch deren Nichtausübung ablegen. Das Mittel zur Kriegsentwöhnung ist Friedenspolitik.

Der Sport ist sehr geeignet, die menschlichen, insbesondere die männlichen Kampfinstinkte, von der Kriegseinstellung abzulenken. Es ist kein Zufall, daß die sportliebendsten Völker Europas (Engländer, Skandinavier) zugleich auch die friedlichsten sind.

Nur die Jagd bildet hier eine Ausnahme: sie konserviert die primitivste Kampfesform und stärkt die Mordinstinkte, statt sie abzuleiten. Es hat viel zur Erhaltung des europäischen Militarismus beigetragen, daß in vielen europäischen Ländern die Jagd der Hauptsport der herrschenden Kasten und Männer war: denn die Jagd erzieht leicht zur Mißachtung fremden Lebens und stumpft ab gegen Blutvergießen.

* * *

Die Verurteilung des Krieges darf nie ausarten zu einer Verurteilung des Kampfes. Eine solche Entgleisung des Pazifismus würde nur den Militaristen schlagende Gegenargumente in die Hände spielen und den Pazifismus ethisch und biologisch kompromittieren.

Denn Kampf und Kampfeswille sind Schöpfer und Erhalter der menschlichen Kultur. Das Ende des

Kampfes und das Absterben der menschlichen Kampfinstinkte wäre gleichbedeutend mit dem Ende und Absterben der Kultur und des Menschen.

Der Kampf ist gut; nur der Krieg ist schlecht, weil er eine primitive, rohe und veraltete Form des internationalen Kampfes ist wie das Duell eine primitive, rohe und veraltete Form des gesellschaftlichen.

Ziel des Pazifismus ist daher nicht die Abschaffung des Kampfes, sondern die Verfeinerung, Sublimierung und Modernisierung seiner Methoden.

* * *

Heutzutage ist die wirtschaftliche Kampfesform im Begriffe, die militärische abzulösen: Boykott und Blockade treten an die Stelle des Krieges, der politische Streik an die Stelle der Revolution. China hat mit der Waffe des Boykotts mehrere politische Schlachten gegen Japan gewonnen und Gandhi versucht, auf diese unblutige Methode den indischen Befreiungskampf durchzuführen.

Eine Zeit wird kommen, in der die nationale Rivalität statt mit Messern und Bleikugeln mit geistigen Waffen ausgefochten werden wird. Statt wettzurüsten, werden dann die Völker miteinander wetteifern in wissenschaftlichen, künstlerischen und technischen Leistungen, in Gerechtigkeit und sozialer Fürsorge, in Volksgesundheit und Volksbildung und in der Hervorbringung großer

Persönlichkeiten.

* * *

Die zweite Aufgabe der Friedenspropaganda bildet der Kampf gegen die Kriegsinteressen.

Diese Propaganda besteht darin, den Völkern und Individuen die geringen Chancen des Gewinnes und das ungeheuere Risiko des Verlustes nachzuweisen mit dem Ergebnis, daß der Krieg gegenwärtig zu einem schlechten, riskanten und unrentablen Geschäft geworden ist.

Was die Völker betrifft, hat Norman Angell[4] bereits vor dem Kriege diesen Beweis erbracht und der Weltkrieg hat seine These glänzend bestätigt.

Ob vom nationalen Standpunkt aus ein siegreicher Befreiungskrieg Indiens oder eine Eroberung Australiens durch die Mongolen die Opfer aufwiegen würde, mag hier unerörtert bleiben: sicher ist jedoch, daß in einem neuen europäischen Kriege der Sieger, in politischer, wirtschaftlicher und nationaler Hinsicht schwer geschädigt, aus dem Kampfe hervorgehen würde, während das besiegte Volk für immer vernichtet wäre. Der mögliche Gewinn steht in keinerlei Verhältnis zu den sicheren Verlusten.

* * *

Persönlich am Kriege interessiert sind nur ehrgeizige Politiker und Militärs einerseits, die sich Ruhm erhoffen - und habsüchtige Kriegslieferanten anderseits, die sich Geschäfte erhoffen. Diese Gruppen sind sehr klein, aber

---

[4] „Die falsche Rechnung" von Norman Angell.

sehr mächtig.

Die erste Gruppe kann in demokratischen Staaten von einem entschlossenen Pazifismus kaltgestellt werden: Politiker, die ihren Ehrgeiz über das Wohl ihrer Völker stellen, sollen als Verbrecher behandelt werden.

Von den Offizieren wird oft behauptet, daß ihre kriegerische Einstellung Berufspflicht ist. In Staaten, deren Politik pazifistisch ist, wäre dies ein schwerer Fehler; denn dort gilt die Armee nicht als ein Mittel zur Eroberung, sondern als notwendige Waffe gegen fremden Kriegswillen. Es wäre daher nötig, daß gerade die Offiziere zu Pazifisten erzogen werden, aber zu heroischen Pazifisten, die jederzeit bereit sind, ihr Leben für die Erhaltung des Friedens einzusetzen und sich als Kreuzritter im Kampfe gegen den Krieg fühlen.

Die Industriellen, die den Krieg wegen der Kriegsgewinne herbeisehnen, sollen darauf verwiesen werden, daß am Ausgang des nächsten europäischen Krieges wahrscheinlich der Bolschewismus steht. Es erwartet sie also mit einer Wahrscheinlichkeit von über 50% am Kriegsende die Expropriation, wenn nicht der Galgen. Das Kriegsgeschäft verliert durch diese Aussicht seinen Reiz. Denn es erscheint immerhin vorteilhafter für die Industrie, sich mit den relativ schmalen aber gefahrlosen Friedensgewinnen zu begnügen, statt nach den fetten aber lebensgefährlichen Kriegsgewinnen zu greifen.

Diese Argumentation ist wichtig, weil sie der Kriegspropaganda ihren goldenen Motor entzieht und der Friedenspropaganda zuführt.

* * *

Die Friedenspropaganda muß auch die menschliche Phantasie gegen den Zukunftskrieg mobilisieren. Sie muß die Massen aufklären über die Gefahren und Schrecken, die sie im Kriegsfalle bedrohen: über die neuen Strahlen und Gase, die ganze Städte ausmorden können; über den drohenden Ausrottungskrieg, der sich weniger gegen die Front, als gegen das Hinterland richten würde; über die politischen und wirtschaftlichen Folgen, die ein solcher Krieg für Sieger und Besiegte nach sich ziehen würde.

Diese Propaganda muß der schwachen menschlichen Erinnerung und der schwachen menschlichen Phantasie nachhelfen: denn, hätten die Menschen mehr Phantasie - so gäbe es keinen Krieg mehr. Der Wille zum Leben wäre der stärkste Verbündete des Pazifismus.

* * *

Die Kriegsinstinkte sind roh und primitiv - die Kriegsinteressen problematisch und gefährlich - die Kriegsideale verlogen und veraltet.

Sie leben von der Fälschung, die Krieg mit Kampf indentifiziert, Krieger mit Helden, Phantasielosigkeit mit Tapferkeit, Furcht mit Feigheit.

Sie stammen aus einer versunkenen Epoche, aus überwundenen Verhältnissen. Sie wurden einst von einer Kriegerkaste geprägt und von freien Völkern kritiklos übernommen.

Einst war der Krieger der Hüter der Kultur, der Kriegsheld der Held an sich, der Krieg das Lebenselement der Völker, deren Schicksal entschieden wurde durch ihre Tapferkeit im Felde.

Seither ist der Krieg unritterlich geworden, seine Methoden gemein, seine Formen häßlich; die persönliche Tapferkeit ist nicht mehr entscheidend: an die Stelle der ritterlichen Schönheit eines Massenturnieres ist die elende Häßlichkeit eines Massenschlachthauses getreten. Der mechanisierte Krieg von heute hat für immer seine einstige Romantik verloren.

Vom ethischen Standpunkt ist der Verteidigungskrieg organisierte Notwehr - der Angriffskrieg organisierter Mord. Noch schlimmer: friedliche Menschen werden gewaltsam gezwungen, andere friedliche Menschen zu vergiften und zu zerfleischen.

Die Schuld an diesem angestifteten Massenmord trifft nicht die Ausführenden, sondern die Anstifter. Diese Anstifter sind in demokratischen Staaten unmittelbar die kriegsfreundlichen Abgeordneten, mittelbar deren Wähler.

Wer sich daher scheut, einen Mord zu begehen, soll es sich gut überlegen, wen er als seinen Vertrauensmann ins Parlament schickt!

9. NEUES HELDENTUM

Die Erneuerung des Heldenideals durch den Pazifismus zerschlägt die Hauptwaffe der militaristischen Propaganda. Denn nichts gibt dem Militarismus eine stärkere Werbekraft als die Monopolisierung des Heldentums.

Der Pazifismus würde durch einen Kampf gegen das Heldenideal Selbstmord begehen; er müßte damit alle seine wertvollen Anhänger verlieren: denn die Ehrfurcht vor dem Heldentum ist das Maß des menschlichen Edelmuts.

Der Pazifismus soll in der Heldenverehrung mit dem Militarismus wetteifern und versuchen, ihn im Heidentum zu übertreffen. Aber zugleich soll er den Heldenbegriff aus seiner mittelalterlichen Schale befreien und ihn mit dem ganzen Inhalt einer modernen Ethik erfüllen.

Die Erkenntnis muß sich durchringen, daß das Heldentum Christi eine höhere Entwicklungsform darstellt als das Heldentum des Achilles - und daß die physischen Helden der Vergangenheit nur Vorläufer sind der moralischen Helden der Zukunft.

* * *

Kein redlicher Pazifist wird versuchen, den Männern das Heldentum abzustreiten, die über den Wehrzwang hinaus an der Front ihr Leben für ihre Ideale eingesetzt haben; die freiwillig ihr Framilienglück, ihre Bequemlichkeit, ihre Sicherheit und Gesundheit zurückgestellt haben, um ihre Pflicht zu erfüllen. Ihr Heldentum wird durch die Frage, ob sie von falschen oder richtigen

Voraussetzungen ausgingen, nicht berührt. Nichts wäre gemeiner als die Verhöhnung dieses Heldentums.

Den Gegenpol zu diesen Helden bilden jene Demagogen, die in Bureaus, Versammlungen, Redaktionsstuben und Parlamenten zum Kriege hetzten und hetzen, um dann, fern von der Front, den niedrigsten Mißbrauch zu treiben mit fremdem Heldentum.

Der Versuch mancher Militaristen, das Heldentum für die Kriegspartei zu monopolisieren, ist ebenso unredlich, wie der Versuch mancher Nationalisten, für ihre Partei das Nationalgefühl zu monopolisieren.

Denn, wer sein Volk vor der größten Katastrophe der Weltgeschichte bewahren will, ist mindestens so patriotisch wie der, der es durch einen siegreichen Krieg zu neuer Macht zu führen hofft: nur baut dieser auf Irrtum, jener auf Wahrheit.

Es gibt heute manche Länder in Europa, in denen es lebensgefährlicher ist, für den Frieden einzutreten als für den Krieg: in diesen Ländern beweisen die Friedensapostel einen größeren Heldenmut als die Kriegsapostel.

* * *

Die schwerste und ungerechteste Beleidigung für ein Volk aber ist es, wenn ein Stand, nämlich der Offiziersstand, den Heldencharakter für sich monopolisiert: denn es gibt Heldentum in jedem Beruf, stilles und großes Heldentum, ohne Ruhm, ohne Romantik und ohne glänzende Fassade: das Heldentum der Arbeit und des Geistes, das Heldentum der Mutterschaft, das Heldentum der Überzeugung.

Und wer die Biographien der großen Künstler, Denker, Forscher, Erfinder und Ärzte studiert, wird verstehen lernen, daß es auch anderes Heldentum gibt, als das der Krieger und Abenteuerer.

* * *

Jeder ist ein Held, der sein privates Interesse seinem Ideal zum Opfer bringt: je größer das Opfer, desto größer das Heldentum.

Wer sich nicht fürchtet, ist nicht heroisch, sondern nur phantasielos. Heroisch handelt nur der, der seinen Idealen zu liebe die Furcht überwindet. Je großer seine Furcht ist - desto größer seine Überwindung und sein Heroismus.

* * *

Europa hat sich aus der Herrschaft des Feudalismus befreit - aber nicht aus der Herrschaft der feudalen Werte. Dadurch ist das Heldenideal ebenso unzeitgemäß und morsch geworden wie der Ehrbegriff. Nur eine Erneuerung kann sie retten.

Die Ehre eines Menschen und eines Volkes soll unabhängig werden von fremden Handlungen und einzig bestimmt werden durch eigene Taten.

Der Grundsatz muß sich durchsetzen, daß die Ehre einer Nation niemals dadurch verletzt werden kann, daß ihre Fahne irgendwo von Betrunkenen herabgerissen wird: sondern nur dadurch, daß ihre Richter parteiisch, ihre Beamten bestechlich, ihre Staatsmänner wortbrüchig sind; daß sie ihre besten Söhne verbannt oder ermordet, daß sie schwächere Nachbarn provoziert, Minoritäten bedrückt, ihre Verpflichtungen vernachlässigt und Verträge bricht.

Durch diesen neuen Ehrenkodex werden alle Streitfragen, die wegen Ehrensachen Völker entzweien und in Kriege treiben, von selbst aufhören: denn jedes Volk wird es dann als seine Ehrenpflicht betrachten, einem anderen Genugtuung zu leisten nicht um dessen Ehre, sondern um die eigene nationale Ehre zu wahren oder wiederherzustellen. Die Form dieser Genugtuung wird dann durch Schiedsgerichte leicht zu bestimmen sein.

Der Pazifismus muß die gegenwärtige und die kommende Generation zum Heldentum der Überzeugung erziehen. Die Lüge und Gesinnungsfeigheit waren mit schuld am Ausbruch des Krieges, sie haben ihn genährt und erhalten, um ihren Stempel schließlich auch dem Frieden aufzudrücken. Darum ist der Kampf gegen die Lüge auch ein Kampf gegen den Krieg. Das Heldentum des Friedens wird ein Heldentum der Gesinnung, der Überzeugung, der Selbstbeherrschung sein; nur dann kann es über das Heldentum der Militaristen triumphieren.

Dieses Heldentum des Friedens ist schwieriger und seltener als das des Krieges. Es ist schwerer, seinen Leidenschaften zu gebieten, als seiner Mannschaft; schwerer, seinen eigenen Charakter zu disziplinieren, als ein Heer von Rekruten. Und viele, die ohne Bedenken einem Feinde ein Bajonett in den Leib rennen konnten, finden nicht den Mut, ihre Überzeugung einem Freunde gegenüber zu bekennen. Diese moralische Feigheit ist der Nährboden aller Demagogie, auch der militaristischen: aus Angst, feige zu erscheinen, verleugnen heute Millionen ihren inneren Pazifismus; es ist ihnen lieber, feige zu sein, als für feige zu gelten.

Der Sieg des Friedensgedankens hängt also innig zusammen mit dem Siege des moralischen Heldentums, das bereit ist, lieber alles zu opfern, als die Überzeugung und sich rein zu halten gegen alle Überredungs-, Erpressungs- und Bestechungsversuche einer unreinen Zeit.

* * *

Solche Friedenshelden soll der Pazifismus zunächst in allen europäischen Ländern zu einer freiwilligen Armee des Friedens organisieren.

Diese Friedensarmee soll sich aus Helden rekrutieren, die den Krieg als barbarisches und unsinniges Mittel der Politik und als Feind der Menschheit verwerfen und jederzeit bereit sind, für ihren pazifistischen Glauben jedes Opfer zu bringen.

Zunächst sollen diese Kämpfer des Friedens als Propagandisten und Agitatoren ihrer Idee die Millionen um Sich scharen, die den Frieden wünschen. Die Friedensarmee muß aber auch bereit sein, im entscheidenden Augenblick der Gefahr gegen den Krieg zu marschieren und den Frieden durch ihr tatkräftiges Eingreifen zu retten.

An die Spitze dieser Friedensarmee sollen Männer treten, die staatsmännische Einsicht verbinden mit einem unbeugsamen und unerschütterlichen Willen zum Frieden.

Nur wenn solche Führer an die Spitze solcher Kämpfer treten, darf Europa hoffen, nie mehr von einem Kriege überrannt und zerstampft zu werden.

Bereits veröffentlicht

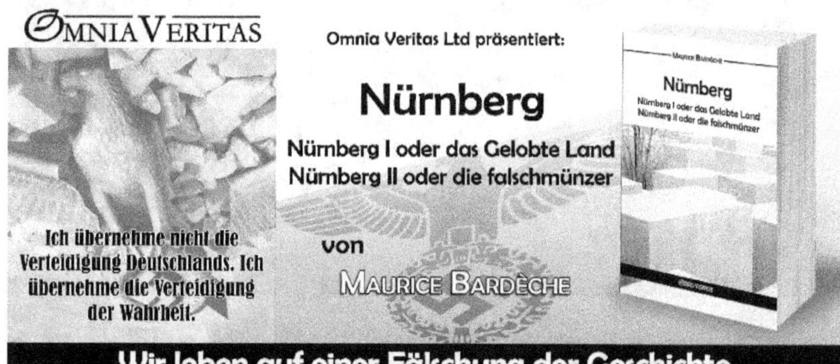

OMNIA VERITAS
Omnia Veritas Ltd präsentiert:
KEVIN MACDONALD
DIE KULTUR DER KRITIK
DIE JUDEN UND DIE RADIKALE KRITIK
AN DER KULTUR DER NICHTJUDEN
Ihre Analysen zeigen den vorherrschenden kulturellen Einfluss der Juden und ihr
Bestreben, die Nationen, in denen sie leben, zu unterminieren, um die vielfältige
Gesellschaft, für die sie eintreten, besser beherrschen zu können, während sie
selbst eine ethnozentrische und homogene Gruppe bleiben, die den Interessen der
weißen Völker feindlich gegenübersteht.
Eine evolutionäre Analyse der jüdischen Beteiligung an politischen und intellektuellen Bewegungen im 20.

OMNIA VERITAS
Omnia Veritas Ltd präsentiert:
Geschichte
der Zentralbanken
und der Versklavung der Menschheit
von
STEPHEN MITFORD GOODSON
Im Laufe der Geschichte
wurde die Rolle der Geldverleiher
oft als "verborgene Hand"...
Der Leiter einer Zentralbank enthüllt
die Geheimnisse der Macht des Geldes
Ein Schlüsselwerk die Vergangenheit, die Gegenwart und die Zukunft zu verstehen

OMNIA VERITAS
OMNIA VERITAS LTD PRÄSENTIERT:
ROGER GARAUDY
DIE GRÜNDUNGSMYTHEN
DER ISRAELISCHEN POLITIK
Wer ist schuldig? Wer begeht das Verbrechen oder wer prangert es an?

OMNIA VERITAS®
OMNIA VERITAS LTD PRÄSENTIERT:
JOHN COLEMAN
Der DROGENKRIEG gegen AMERIKA
Der DROGENKRIEG gegen AMERIKA
Der Drogenhandel kann nicht ausgerottet werden, weil seine Direktoren nicht zulassen werden, dass ihnen der lukrativste Markt der Welt weggenommen wird...
VON JOHN COLEMAN
Die eigentlichen Förderer dieses verfluchten Geschäfts sind die "Eliten" dieser Welt

OMNIA VERITAS®
OMNIA VERITAS LTD PRÄSENTIERT:
JOHN COLEMAN
DIE DIKTATUR der SOZIALISTISCHEN WELTORDNUNG
DIE DIKTATUR der SOZIALISTISCHEN WELTORDNUNG
In all diesen Jahren, während unsere Aufmerksamkeit auf die Untaten des Kommunismus in Moskau gerichtet war, waren die Sozialisten in Washington damit beschäftigt, Amerika auszurauben!
VON JOHN COLEMAN
"Der Feind in Washington ist mehr zu fürchten als der Feind in Moskau".
OMNIA VERITAS®
OMNIA VERITAS LTD PRÄSENTIERT:
JOHN COLEMAN
DIE ÖLKRIEGE
DIE ÖLKRIEGE
VON JOHN COLEMAN
Die historische Erzählung der Ölindustrie führt uns in die Windungen der "Diplomatie".
Der Kampf um die Monopolisierung der von allen Nationen begehrten Ressource

OMNIA VERITAS
OMNIA VERITAS LTD PRÄSENTIERT:
JOHN COLEMAN
DIE ROTHSCHILD-DYNASTIE
DIE ROTHSCHILD DYNASTIE
von John Coleman
Historische Ereignisse werden oft durch eine "verborgene Hand" verursacht...

OMNIA VERITAS
OMNIA VERITAS LTD PRÄSENTIERT:
JOHN COLEMAN
FREIMAUREREI
von A bis Z
FREIMAUREREI
von A bis Z
John Coleman
Im 21. Jahrhundert ist die Freimaurerei weniger ein Geheimbund als eine "Gesellschaft der Geheimnisse" geworden.
Dieses Buch erklärt, was Freimaurerei ist

OMNIA VERITAS
OMNIA VERITAS LTD PRÄSENTIERT:
JOHN COLEMAN
JENSEITS der VERSCHWÖRUNG
DIE UNSICHTBARE WELTREGIERUNG ENTLARVEN
von John Coleman
Alle großen historischen Ereignisse werden im Geheimen von Männern geplant, die sich mit absoluter Diskretion umgeben
Hochorganisierte Gruppen haben immer einen Vorteil gegenüber den Bürgern

OMNIA VERITAS
OMNIA VERITAS LTD PRÄSENTIERT:
JOHN COLEMAN
TÄUSCHUNGSDIPLOMATIE
EIN BERICHT ÜBER DEN VERRAT DER REGIERUNGEN ENGLANDS UND DER USA
VON JOHN COLEMAN
Die Geschichte der Gründung der Vereinten Nationen ist ein klassisches Beispiel für die Diplomatie der Täuschung.

OMNIA VERITAS
OMNIA VERITAS LTD PRÄSENTIERT:
DIE ENTEIGNETE MEHRHEIT
DIE ENTEIGNETE MEHRHEIT
DAS TRAGISCHE UND DEMÜTIGENDE SCHICKSAL DER AMERIKANISCHEN MEHRHEIT

OMNIA VERITAS
Omnia Veritas Ltd präsentiert:
Ein exklusives und unveröffentlichtes Werk EUSTACE MULLINS
EUSTACE MULLINS
BLUT UND GOLD
DIE GESCHICHTE DES COUNCIL ON FOREIGN RELATIONS
BLUT UND GOLD
DIE GESCHICHTE DES COUNCIL ON FOREIGN RELATIONS
Der CFR, der von Internationalisten und Bankeninteressen gegründet wurde, hat eine wichtige Rolle bei der Gestaltung der US-Außenpolitik gespielt.
Revolutionen werden nicht von der Mittelschicht gemacht, sondern von der Oligarchie an der Spitze

OMNIA VERITAS
EUSTACE MULLINS
DER FLUCH VON KANAAN
Eine Dämonologie der Geschichte
Die große Bewegung der modernen Geschichte bestand darin, die Anwesenheit des Bösen auf der Erde zu verbergen

OMNIA VERITAS
Omnia Veritas Ltd präsentiert:
Hier sind die einfachen Fakten des großen Verrats...
DIE GEHEIMNISSE DER FEDERAL RESERVE
von
EUSTACE MULLINS
Werden wir weiterhin durch das babylonische Schuldgeldsystem versklavt werden?

OMNIA VERITAS
Omnia Veritas Ltd präsentiert:
EUSTACE MULLINS
DIE WELTORDNUNG
UNSERE GEHEIMEN HERRSCHER
Eine Studie über die Hegemonie des Parasitismus
DIE AGENDA DER WELTORDNUNG: TEILEN UND HERRSCHEN

OMNIA VERITAS. Omnia Veritas Ltd präsentiert:
EUSTACE MULLINS
INJEKTIONSMORD
GEHEIMES NETZWERK DES MEDIZINKARTELLS ENTHÜLLT
EUSTACE MULLINS
INJEKTIONSMORD
GESCHICHTE DER MEDIZINISCHEN VERSCHWÖRUNG GEGEN AMERIKA

OMNIA VERITAS.
OMNIA VERITAS LTD PRÄSENTIERT:
NEUE GESCHICHTE DER JUDEN
VON
EUSTACE MULLINS
Durch die gesamte Geschichte der Zivilisation hindurch hat sich ein bestimmtes Problem für die Menschheit als konstant erwiesen
EUSTACE MULLINS
NEUE GESCHICHTE DER JUDEN
Ein einziges Volk irritierte die Nationen, die es in allen Teilen der zivilisierten Welt willkommen geheißen hatten

OMNIA VERITAS.
LICHTTRÄGER DER FINSTERNIS
Dieses Buch ist ein Versuch, durch dokumentarische Beweise zu zeigen, dass die gegenwärtigen Weltverhältnisse unter dem Einfluss von mystischen und geheimen Gesellschaften stehen, durch die das Unsichtbare Zentrum versucht, die Nationen und die Welt zu lenken und zu beherrschen.
LICHTTRÄGER DER FINSTERNIS

OMNIA VERITAS.
DIE SPUR DER SCHLANGE
Ein Versuch, die Verehrung der alten Schlange, des schöpferischen Prinzips, des Gottes aller Eingeweihten der Gnostiker und Kabbalisten, die von den hellenisierten Juden in Alexandria ausging, nachzuzeichnen.
DIE SPUR DER SCHLANGE

OMNIA VERITAS.
OMNIA VERITAS LTD PRÄSENTIERT
DIE VERBORGENEN AUTOREN der FRANZÖSISCHEN REVOLUTION
"Es scheint", sagte Robespierre einmal zu Amar, "dass wir von einer unsichtbaren Hand über unseren Willen hinaus fortgetragen werden..."
von HENRI POGGET DE SAINT-ANDRÉ
DIE VERBORGENEN AUTOREN der FRANZÖSISCHEN REVOLUTION
Je mehr man sich mit der Geschichte der Französischen Revolution beschäftigt, desto mehr Rätsel stößt man auf...

OMNIA VERITAS.
www.omnia-veritas.com